学力格差拡大の
社会学的研究

小中学生への追跡的学力調査結果が示すもの

中西啓喜

東信堂

はしがき：学齢児童生徒の学力格差を追跡的にとらえる

　2000 年代ないしその前後の教育社会を振り返ると、広義の「学力」に注目が集まった時代であった。PISA ショックや学力低下・二極化といった言葉が広く知られ、平成 19 年度からは「全国学力・学習状況調査」が文部科学省によって実施され、日本国内の学力の様相をとらえる試みが国家的規模で開始された。その結果、子どもの学力獲得のメカニズムは、家庭背景（主に保護者の収入や学歴）によって不平等であることが明らかにされてきた。ところが、こうして様々な学者や機関が学力格差について把握してきたものの、児童生徒の加齢とともにその格差がどのように変化していくのか、というごく素朴な疑問に応えてきた研究は少なかった。

　学齢期にある児童生徒の学力格差が学年の上昇とともにどのように推移するのか。これについて明らかにすることは、次のような意義がある。まず、学力不振は高校・大学進学の時点で不利になる。そして、学歴格差は労働市場での格差を生み、結婚等の家族形成に対してもマイナスの影響を及ぼす。石田（2017）は、こうした人生の初期における不平等が蓄積されていくプロセスを社会学的にとらえるための理論的枠組みとして「格差の連鎖・蓄積」（cumulative advantage and disadvantage）という概念を用いることの有用性を指摘している。通常個人の不平等は、ある時点での有利さ・不利さが時間とともに連鎖・蓄積する。スタート地点となる不平等は、出身社会階層や性別といった生まれながらの差異であり、これらは当人の意思や努力によって獲得できるものではない。こうした人生のスタート地点での不平等が、その後の個人のライフコースに対して継続的に与える影響が「格差の連鎖・蓄積」ということである。

　石田（2017）は個々人のライフコースにおける「格差の連鎖・蓄積」を3つの形式に分類している。すなわち、(1) スタート地点での不平等がその後も変わることがないという「格差の連鎖・継続」、(2) スタート地点での不平等が時間とともに拡大していくという「格差の蓄積・拡大」、(3) スタート地点での不平等が時間とともに縮小していくという「格差の縮小・挽回」

の 3 つのタイプである。

　本書の主たる関心は、学齢期にある児童生徒の学力格差の推移を把握することであるため、これら 3 つの「格差の連鎖・蓄積」のパターンを本書の関心に寄せて簡略化して示したのが**図序 –1** である。つまり本書の最大の目的は、学齢期にある児童生徒の学力格差の推移が図序 –1 の a. 格差の連鎖・継続、b. 格差の蓄積・拡大、c. 格差の縮小・挽回のどのパターンに当てはまるのかについて、日本の現状を明らかにすることである。

　こうした問題関心を明らかにするのは、一度の学力調査では不可能である。同一の児童生徒を追跡的に調査して得られるパネルデータによってはじめて可能となる。例えば、一度きりの学力調査を複数の学年を対象に実施することによっても、狭義における学力の「変化」を把握できる。しかし、これは学年による全体像を把握しているに過ぎない。極端にいえば、小学 1 年生と小学 6 年生を追跡的に調査して、その間に学力上位層と下位層のメンバーが完全に入れ替わっていたとしても一度きりの学力調査ではこの現象を把握することはできない。それゆえ、同一児童生徒を追跡的に調査することによってどのような家庭背景の児童生徒が安定的に高い学力を維持しているのかを把握することができるのである（石田　2017）。

　本書では、パネルデータを用いて学力格差の形成とその推移の不平等に関するメカニズムを明らかにしていくのだが、同時に、学力格差の拡大を防ぐための方略についても検討する。学力が子どもの家庭背景によって不平等であることが知られているにしても、学力格差は、児童生徒本人の努力や「効果のある学校」教育システムによって克服できると期待されることが多い。本書では、努力信仰や学校教育に関して流布する教育神話についても、データの限り検証してみる。

　膨大なデータを意義ある形で示すことが筆者にどこまでできるかはわからないが、この試みにより、今後の学力研究や教育政策に貢献しうる分析結果を提示していきたい。

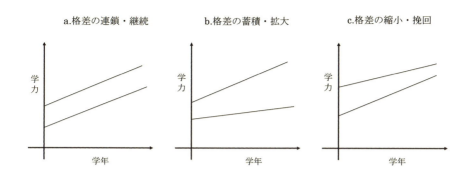

図序－1. 学力格差の連鎖・蓄積に関する3類型のモデル図

目次／学力格差拡大の社会学的研究──小中学生への追跡的学力調査結果が示すもの

はしがき（i）

序章　日本の学力研究における問題の所在・・・・・・・・・・・・・・・・・・・・・・・・・3
　はじめに（3）
　1　日本の学力研究の変遷・・・・・・・・・・・・・・・・・・・・・・・・・・・・・・・5
　　1　「学力調査の時代」の到来（5）
　　2　学力研究における追跡的調査の必要性（7）
　2　期待される政策的インプリケーション・・・・・・・・・・・・・・・・7
　3　本書の構成・・・・・・・・・・・・・・・・・・・・・・・・・・・・・・・・・・・・・・・9

第Ⅰ部　これまでの研究の概要とデータの紹介

第1章　学力研究の動向・・・・・・・・・・・・・・・・・・・・・・・・・・・・・・・・・・14
　1　研究の視点・・・・・・・・・・・・・・・・・・・・・・・・・・・・・・・・・・・・・14
　2　教育における不平等生成に関する先行研究のレヴュー・・・・・14
　　1　社会階層研究（14）
　　2　教育格差におけるジェンダー研究（16）
　3　教育における不平等克服の試みに関する先行研究のレヴュー・・19
　　1　メリトクラシー研究（19）
　　2　親の関わり効果の研究（22）
　　3　「効果のある学校」研究（24）
　4　何が明らかにされており、何が明らかにされていないのか・・27
　　1　学力の不平等はどのような推移を辿るのか？（27）
　　2　教育達成の男女間格差はどのようにして形成されるのか？（28）
　　3　学力の不平等は個人の努力によって克服できるのか？（28）
　　4　本の読み聞かせ経験は、子供の学力を向上させるのか？（29）

5　学校教育システムの不平等是正効果は断続的であるのか？‥‥‥ 30

第2章　データの概要‥‥‥‥‥‥‥‥‥‥‥‥‥‥‥‥‥‥‥‥‥‥‥34

1　「青少年期から成人期への移行についての追跡的研究」（Japan
　　Education Longitudinal Study：JELS）の特徴‥‥‥‥‥‥‥ 34

2　日本の学力パネル調査の現状と本書の位置づけ‥‥‥‥‥‥‥ 35

3　本書の分析データの概要‥‥‥‥‥‥‥‥‥‥‥‥‥‥‥‥‥ 36

　　1　JELS 調査におけるエリアの選定と調査の時期（36）
　　2　データの接続状況及び追跡率（37）
　　3　使用する変数について（38）

　　　　1　学力の指標としての算数・数学通過率（38）
　　　　2　児童生徒の出身社会階層（39）

4　想定される脱落の傾向‥‥‥‥‥‥‥‥‥‥‥‥‥‥‥‥‥‥ 40

5　脱落サンプルについての先行研究レヴュー‥‥‥‥‥‥‥‥‥ 41

6　脱落サンプルの分析‥‥‥‥‥‥‥‥‥‥‥‥‥‥‥‥‥‥‥ 43

　　1　追跡者の特徴：性別と出身社会階層（43）
　　2　追跡者の特徴：学校適応（43）
　　3　追跡者の特徴：算数通過率（44）

7　JELS データの脱落傾向‥‥‥‥‥‥‥‥‥‥‥‥‥‥‥‥‥ 44

第Ⅱ部　教育達成の不平等はどのように生まれ、変化するのか？

第3章　学力の不平等はいつ発生し、どのように変化するのか‥‥‥‥ 50

1　本章の目的‥‥‥‥‥‥‥‥‥‥‥‥‥‥‥‥‥‥‥‥‥‥‥ 50

2　算数・数学通過率の分布の確認‥‥‥‥‥‥‥‥‥‥‥‥‥‥ 51

3　社会階層別に見た算数・数学通過率の分布‥‥‥‥‥‥‥‥‥ 54

4　算数・数学の通過率はどのように変化するか‥‥‥‥‥‥‥‥ 56

5　成長曲線モデルによる分析‥‥‥‥‥‥‥‥‥‥‥‥‥‥‥‥ 57

目次　vii

　　6　知見の要約・・61

第4章　教育達成の性差のメカニズムを探る・・・・・・・・・・・・・・・・・・・・64
　　1　本章の目的・・64
　　2　先行研究のレヴューと本章の位置づけ・・・・・・・・・・・・・・・・・64
　　3　本章で用いる変数と手続き・・・・・・・・・・・・・・・・・・・・・・・・・・・67
　　4　算数・数学通過率の男女間格差・・・・・・・・・・・・・・・・・・・・・・68
　　5　国語および算数・数学選好度の変化の記述的分析・・・・・・・69
　　6　成長曲線モデルによる算数・数学選好度の分析・・・・・・・・・70
　　7　まとめ：教育達成の性差のメカニズム・・・・・・・・・・・・・・・・73

第III部　教育における不平等はいかにして克服が可能なのか？

第5章　学力の不平等は、努力によって克服できるのか？・・・・・・・・・・78
　　1　本章の目的・・78
　　2　本章で用いる変数と手続き・・・・・・・・・・・・・・・・・・・・・・・・・・・79
　　3　分析の方法 ──計量経済学における固定効果モデルおよびランダム効果モデル
　　　・・80
　　4　学習時間の効果推定・・・・・・・・・・・・・・・・・・・・・・・・・・・・・・・・81
　　5　学習時間の効果は出身階層別に異なるのか？・・・・・・・・・・82
　　6　知見の要約・・86

第6章　本の読み聞かせ経験は学力を「高める」のか？　I・・・・・・・・88
　　1　本章の目的・・88
　　2　先行研究のレヴュー・・・・・・・・・・・・・・・・・・・・・・・・・・・・・・・・・89
　　3　本章で用いる変数と手続き・・・・・・・・・・・・・・・・・・・・・・・・・・・90
　　4　本の読み聞かせはどのタイミングが効果的か・・・・・・・・・・91
　　　1　算数・数学通過率の水準差の分析（91）
　　　2　成長曲線モデルによる分析（93）

5　知見の要約・・・・・・・・・・・・・・・・・・・・・・・・・・・・・・・・・・・・・・・95

第7章　本の読み聞かせ経験は学力を「高める」のか？　Ⅱ
　　　　―傾向スコアを用いた分析・・・・・・・・・・・・・・・・・・・・・・・・・・・・98

　　1　本章の目的・・98
　　2　分析戦略：傾向スコア・マッチング・・・・・・・・・・・・・・・・・・・100
　　　　1　無作為化比較試験と反実仮想（100）
　　　　2　傾向スコアと処置効果の異質性（102）
　　3　データ・方法・変数と手続き・・・・・・・・・・・・・・・・・・・・・・・・104
　　　　1　データ（104）
　　　　2　変数と手続き（104）
　　　　3　データの特徴と限界（106）

　　4　分析・・・106
　　　　1　処置（本の読み聞かせ）を予測するロジスティック回帰分析（106）
　　　　2　マッチング前後の比較：バランスチェック（108）
　　　　3　傾向スコア・マッチングによる本の読み聞かせの効果
　　　　　　検証（109）

　　5　知見の要約・・・・・・・・・・・・・・・・・・・・・・・・・・・・・・・・・・・・・・112

第8章　学校教育は学力格差を是正するか？
　　　　― クラスサイズに着目した分析・・・・・・・・・・・・・・・・・・・・・115

　　1　本章の目的・・・・・・・・・・・・・・・・・・・・・・・・・・・・・・・・・・・・・・・115
　　2　分析1：クラスサイズによる学力の水準差の検証・・・・・・・・118
　　　　1　データ（118）
　　　　2　クラスサイズが学力の水準差に与える効果についての分析
　　　　　　戦略（118）
　　　　3　使用する変数と手続き（119）
　　　　4　散布図による分析（120）

5　マルチレベルモデルによるクラスサイズ効果の検証（122）
　　　6　学校レベル SES 別に分析したクラスサイズの効果検証（126）

　3　分析2：クラスサイズによる学力推移の検証・・・・・・・・・・・・126
　　　1　分析戦略（126）
　　　2　成長曲線モデルによるクラスサイズの効果検証（128）

　4　まとめ・・・130

終章　教育における不平等をどのように是正していくか・・・・・・・・133
　1　知見の要約・・・・・・・・・・・・・・・・・・・・・・・・・・・・・・・・・・・・・133
　2　知見から得られる政策的インプリケーション・・・・・・・・・・・・135
　　　1　早期介入の重要性（135）
　　　2　就学前教育の効果と費用対効果（136）
　　　3　学力教育ができることの限界と期待（139）
　　　4　本書から漏れ伝わってしまう危惧（141）
　3　残された課題・・・・・・・・・・・・・・・・・・・・・・・・・・・・・・・・・・142

引用・参考文献・・・・・・・・・・・・・・・・・・・・・・・・・・・・・・・・・・・・・143
あとがき・・155
初出一覧・・159
索引・・160

学力格差拡大の社会学的研究
―小中学生への追跡的学力調査結果が示すもの―

序章　日本の学力研究における問題の所在

はじめに

　教育を通じた社会移動は、教育社会学の伝統的なテーマである。より大きな文脈に照らしてみれば、教育によって人々は富み、貧富の格差は縮小し、その一方で全体社会からすれば、経済的な発展を促す。教育は、社会正義 (social justice) と経済効率 (economic efficiency) の両方を存立させることができると期待されてきた。特に学校教育は、社会に対して教育された労働者を提供しつつ、個人に対しては社会的背景や性に制限されない機会の平等を約束する。こうした理念により、教育は「福音」をもたらす。

　そして、この教育が「福音」をもたらすという考え方には、具体的には次のような仮定が内包されている。教育関係者 (教師など) にとって子ども達は平等であるが、子ども達が背負っている家庭的背景は平等ではない。しかし、教育機関は、ある意味において社会から分離・除外されており、「相対的な自律性」を有している。子ども達は、学校での規則正しい生活と勉学を通じて見識を広め、個々人の潜在的能力を発揮させ、学歴を獲得する。そして獲得した学歴を通じて安定した職 (decent job) に就き、優良な市民として社会・経済に貢献していく (Lauder et al. (eds.) 2006 = 2012、Grubb and Lazerson 2009、広田 2015)。それゆえに、学校教育がいかに子ども達の背負う不平等を緩和することができるのかが議論されることになる。

　さて、戦後の日本は右肩上がりの経済成長にともない劇的な教育拡大があった。現在では、中学卒業者に占める高校進学率はおよそ95%以上を推移している。四年制大学進学率が男女ともにほぼ50%水準にまで達し、専門・

各種学校への進学者も含めれば、高校卒業者の8割程度が20歳くらいまで何かしらの教育を受けていることになる。

教育の普及・拡大が社会と個人へ「福音」をもたらしてくれるのであれば、現代日本の貧困や不平等はほとんど解決されていても良いはずである。しかし近年、日本では貧富の差が広がるとともに、子どもの貧困についての社会的な関心がますます高まっている。OECD (2014) によれば、子どもの貧困率は15.7%であり、日本の子どもの相対的貧困率はOECD加盟国34か国中10番目に高く、OECD平均を上回っているという。このように教育が普及・拡大しても貧困や不平等が一向になくならないのは2つの理由が想定できる。すなわち、一方では教育が適切な「効果」を発揮できずに失敗しているという見方であり、もう一方では教育が不平等の維持・再生産に加担しているという見方である (Whitty 1985 = 2009)。特に、後者の「教育が不平等の維持・再生産に加担している」という視点は、イギリスの社会学者であるHalseyらを中心として編まれてきた定評ある教育社会学に関するリーディングスに多数紹介されてきた (例えば、Karabel and Halsey (eds.) 1977 = 1980)。具体的には、しばしば家庭背景に起因する文化的価値規範と学校文化に親和的である子どもほど学校での教育活動を有利に遂行し、また教師に優遇されることで教育の不平等が維持・拡大されてしまっているということである (Bourdieu and Passeron 1970 = 1991、Bernstein 1978 = 1985、Rist 1977 = 1980、Cicourel and Kitsuse 1963 = 1985)。

とはいえ、子ども達の不平等を是正するための場所・システムは「相対的な自律性」を持つ教育機関以外にあるのだろうか。そして、教育がいかにして不平等の是正に役立つことができるのか。これは大きな課題であると同時に、どのような教育的介入をすべきであるのかを決定するステップは慎重でなければならない。最初のステップとして、日本の教育の不平等の現状をまず診断し、次のステップでは診断結果を踏まえたうえで、どのような介入が必要なのか、効果的なのかを検討する。こうしたステップは、しばしば医療の場面における診察と治療のプロセスとして例えられるが、つまり、実証的なデータを踏まえた診断のプロセスがないと適切な教育的介入が行えないということである (苅谷 2002、広田・伊藤 2010)。それゆえに本書は、特に子ども

の「学力」に着目して、日本の教育的不平等の現状を診断することを主たる目的としている。そして、本書の最後には、その介入の方向性について述べていく。

1　日本の学力研究の変遷

1　「学力調査の時代」の到来

　戦後の日本社会においては、学力の不平等の実態を国家的規模でとらえるためのデータがほとんど皆無だった。苅谷 (2009a) の整理によれば、戦後の日本で学力調査が、国家的規模で行われたのは1956年および1961年だが、これらの調査目的は、①国語と算数・数学の2教科において学力の実態を把握し、②学習指導および教育条件の整備・改善の基礎資料を作成し、③教育条件の学校間、地域間の不平等を是正、教育機会の実質的な確保を目指すというものであり、児童生徒個々人の家庭背景による学力の不平等をとらえることを目的としたものではなかった。

　長らく国民的関心事ではなかった「学力の不平等」問題が、本格的に社会的な問題として認識され出したのは2000年頃からである。佐藤 (2009) が整理しているように、日本で「学力」が問題視されたのは、1999年に出版された『分数ができない大学生』(岡部ほか編 1999) に端を発する。そして当初は、大学生ないし高大接続に関する問題だったが、十分な議論がなされないままにメディアによって「子どもの学力低下」へとシフトしていった。

　漠然と浮上した「学力低下」問題は、「PISAショック」や「ゆとり教育」に加えて、「格差社会」や「子どもの貧困」の議論とも絡められながら徐々に社会問題として認識されていった。こうした中で、教育社会学者は、日本の子どもたちの学力は「低下」しているのではなく、「二極化」しているのではないかと考え始めた (苅谷ほか 2002、耳塚ほか 2002)。ところが、耳塚 (2007) が指摘するように、日本の教育学界には学力の不平等を実証的にとらえるためのデータがほとんどなかった。そのため、日本の教育研究者は、外国の研究成果を通じて学力の不平等について「知ってはいた」が、直接測定して「見ること」

も「説明する」こともできなかった。その結果、学力の不平等についての測定とメカニズムの説明は、教育社会学の中心的テーマでありながら、実証的な知見が蓄積されないまま置き去りにされてきた（耳塚 2007、p24）。2000年代になってようやく、教育社会学者はこぞって学力調査を開始した。苅谷・志水(2004) は、この頃を「学力調査の時代」と名づけた。

2000年代を通じて、研究者が独自の調査によって手に入れた学力データに加え、PISA (Programme for International Student Assessment) や TIMSS (Trends in International Mathematics and Science Study) データの分析から、学力と社会階層の関係が実証的に明らかにされ、そうした学力格差を克服する方略なども示されてきた（苅谷・志水編 2004、耳塚 2007、須藤 2007、2010など）。こうして蓄積されてきた数多の学力研究の中でも特に注目されるのは、文部科学省が2007年から「義務教育の目標の実現状況の評価と検証」を目的として毎年実施している「全国学力・学習状況調査」である[1]。

この調査は児童生徒の家庭環境についての情報収集はほとんど行われていないが、2013年には例外的にナショナルサンプリングによる保護者調査が実施された。この調査は、「平成25年度全国学力・学習状況調査（きめ細かい調査）」と冠され、家庭状況と児童生徒の学力等の関係について分析するために、保護者の収入、学歴水準、教育に関する考え方等の情報が収集された。その調査規模は、小学6年生の保護者が約2万人、中学3年生の保護者が約3万人であり、日本の学力の不平等をとらえるための調査としては前例がないほどの規模であった。国がこうした大規模な教育調査を行うことは初の試みだったが、その理由には、2000年代に入って生育環境と教育達成の不平等が活発に議論され、国家はそれに対応すべきだという機運が高まったことがあるだろう。この調査データは、お茶の水女子大学に分析・レポートが委託され、家庭的背景による学力獲得の不平等の状況が報告書としてまとめられている（お茶の水女子大学 2014）。一度だけの調査だったため極めて限定的ではあるものの、この段階においてようやく学力の不平等が国家的規模で明らかにされ始めたのである。

2 学力研究における追跡的調査の必要性

　以上のように、2000年以降の日本では、「学力調査の時代」を通じて学力の不平等をとらえるデータが揃ってきた。しかし、既存の研究は、ほとんどがクロスセクションデータを利用してきたため、一時点での学力格差をとらえてきたに過ぎない。中澤 (2014a) も指摘するように、教育とは発達のプロセスであるため、本来は追跡的な観察が不可欠である。それゆえに縦断的データの分析が求められるのだが、実際には調査コストが膨大なのでこれまでの日本の教育社会学ではあまり行われていない。そこで本書では、学力のパネルデータを分析し、学力の不平等の実態を追跡的調査データから明らかにしていく。

　第2章で詳述するが、本書で用いるデータは、「青少年期から成人期への移行についての追跡的研究 (Japan Education Longitudinal Study : JELS)」(代表：お茶の水女子大学・耳塚寛明) の一部である。JELS調査は、2003年から2010年にかけて実施されているため、「学力調査の時代」に収集された学力データのひとつであるものの、追跡的研究であるという点において他の学力調査とは異なった特徴を有する。

　学力格差はいつから形成され、どのように変化をしていくのか。こうした素朴な疑問に答えるための研究は日本では極めて稀である。同じ児童生徒を追跡的に調査しなければ、学力がどのように変化し、その背景にはどのようなメカニズムが存在しているのかという因果的推論に踏み込むことは極めて困難である。そこで本書では学力の不平等の推移の実態の検証を行っていく。

2　期待される政策的インプリケーション

　本書の知見から期待される政策的インプリケーションは、学力格差是正について、就学前環境を含んだ早期の介入の重要性を提示できるということである。

　先に述べたように、近年「子どもの貧困」が注目され、学力等の教育的不

平等を是正する政策の必要性が叫ばれている。恵まれない家庭背景に生まれた子どもの学力不振は、その後の高校進学や大学進学などの教育達成において不利になり、職業達成も制限される。子どもの家庭背景の不平等は、学力ないし学歴を媒介し、不平等が世代間で連鎖することになる。とりわけ教育社会学は、こうした理解を前提とすることで、政策的・実践的にどのような「介入」によれば不平等の連鎖を緩和することができるのかに関心を向けてきた (Coleman et al. 1966 など)。

例えば、千葉県検証改善委員会 (2008) の提案を見てみると、(1) 社会経済的に恵まれない地域に対して、行財政的な支援を行う、(2) 非通塾の生徒が多いような学校に対して、教員を増員するとともに、経験豊富な教員を厚く配置する、(3) 各学校において、授業研究や放課後の学習サポートを積極的に実施する、の3点が掲げられている。つまり学力格差是正の提言としては、学校教育システム内部における改善を行うことを推奨している。

しかし、最近の海外の研究では、就学後の介入は非効率的で、より効率的な介入は就学前であり、教育システムへの過剰な期待を放棄すべきだとも指摘されており (Heckman 2006、Esping-Andersen 2006 = 2012)、アメリカのヘッド・スタートや *Starting Strong* (OECD 2001、2006 = 2011、2012、2015a) に見られるように、子どもの幼少期の環境を整えることが重視され始めている。それにも関わらず、日本の学力格差是正の議論の対象が義務教育就学後になりがちなのは、一時点の調査で学力を観測しているため、議論がその水準差に向かいやすいからであろう。加えて、一時点の調査から是正策を検討する場合には、適切な介入のタイミングへの議論が及びにくい。本書はパネルデータを用いた学力格差の分析を行うが、仮に本書の分析の結果、学力格差が初期値から観測されるのであれば、早期に介入することが極めて適切だということになる。

近年では、日本でも就学前教育を充実させるための機運が高まりつつあるものの (Hamano 2010 など)、未だその根拠となるデータと実証研究が不足しているのが現状である。本書は、学力の不平等の是正に向けた検討枠組みを学校教育から就学前教育にシフトさせるための基礎的な研究となることが期待できる。

3　本書の構成

　以上のような問題関心に基づいて、本書では、学力獲得の不平等についての実態把握を主たる関心として、パネルデータの分析を展開していく。本書は大きく3部から構成され、全部で8章構成である。具体的な構成は以下のようである。

第Ⅰ部：これまでの研究の概要とデータの紹介
　第1章では、教育の不平等に関する社会学的理論と実証研究を整理する。具体的には、①教育における不平等がどのように形成されるのかについて概観した後に、②そうした不平等はいかにして克服が目指されているのかを先行研究から整理し、本書における分析の視点を準備する。
　第2章では、本書で用いるメインのデータについて詳細に説明する。具体的には、調査の概要、用いる変数について概観する。加えて、パネル調査はその継続過程において脱落していく調査対象者が発生することが避けられない。そのため、本書で用いるパネルデータの脱落サンプルの分析もここで行う。

第Ⅱ部：教育達成の不平等はどのように生まれ、変化するのか？
　第3章では、学力の変化についての基礎的な分析を行う。各時点で得られた学力スコア同士の関連分析を行い、そこには社会階層がどのように関わるのかを示していく。そして、パネルデータを用いることの長所を活かした手法を用いた分析を展開する。
　第4章では、教育の男女間格差の形成メカニズムについての実態をパネルデータの分析から明らかにしていく。ここでは、学力形成の男女間比較にとどまらず、男女間の進路形成格差について論じていく。とりわけ、女性の科学技術分野での活躍は奨励されてはいるものの、なかなか現実のものになりにくい。そうした教育達成の男女間格差の源流を探っていく。

第Ⅲ部：教育における不平等はいかにして克服が可能なのか？

第5章では、家庭での学習時間が学力に与える効果を分析することで日本の努力主義ないし日本型メリトクラシーの神話を検証する。結論を先取りすれば、自助努力によって学力の不平等を克服することは難しいことを明らかにする。

第6章と第7章では、幼少期での本の読み聞かせ経験が学力に与える影響を分析する。第6章では、パネルデータによる分析を行い、第7章では、反実仮想の枠組み（第7章で詳述）から本の読み聞かせが学力に与える影響を分析する。これにより、幼少期の介入が子どもの学力に対して効果的であるかどうかを明らかにしていく。

第8章では、学校教育システムによる教育の不平等是正について、クラスサイズ（学級規模）に着目しつつ分析を展開する。しばしば、クラスサイズが小さいほど学級内での教師の児童生徒へのケアが手厚くなり、学力は底上げされるという主張が期待を込めてなされる。そこで本書では、小さなクラスサイズほど学力格差の是正を促すのかを実証的に検証していく。

そしてこれらに続き、終章では、以上の分析の知見をまとめる。日本の教育達成の不平等の実態を示し、これらの不平等を縮小するための教育的介入はどのようなものが求められるのかを述べていく。

注

1　全国学力・学習状況調査では、小学6年生と中学3年生を対象として、①国語と算数・数学の学力調査と②普段の生活における学習状況についてのアンケート調査が実施されている。また、学力調査はA問題とB問題に分かれている。A問題は、主として「知識」に関わる出題で、身につけておかなければ後の学年等の学習内容に影響を及ぼす内容や、実生活において不可欠であり常に活用できるようになっていることが望ましい知識・技能などに関するアセスメントである。B問題は、主として「活用」に関わる出題で、知識・技能等を実生活の様々な場面に活用する力や、様々な課題解決のための構想を立て実践し評価・改善

する力などに関するアセスメントである。当該調査は悉皆調査を目指してはいるものの、私立学校や一部の地域が調査協力を拒否していることもある。

2 　本書で用いるデータは、お茶の水女子大学21世紀COEプログラム「誕生から死までの人間発達科学」、お茶の水女子大学グローバルCOEプログラム「格差センシティブな人間発達科学の創成」教育・社会的格差領域、JSPS科研費（16330164、19330185、21330190（研究代表：耳塚寛明）、16300230、18300245（研究代表：牧野カツコ））の助成を受けて収集された。データの利用について快諾いただいた研究会メンバーに記して感謝申し上げたい。

第Ⅰ部

これまでの研究の概要とデータの紹介

14　第Ⅰ部　これまでの研究の概要とデータの紹介

第1章　学力研究の動向

1　研究の視点

　本章では、学力研究に関する社会学的研究をレヴューし、どのようなこと
が明らかにされ、本書ではどのようなことを明らかにしなければならないの
かを整理することを目的としている。教育社会学の研究において、出身社会
階層と教育達成の関連分析は伝統的なテーマであるため、それらのすべてを
カバーすることは難しい。そこで、本書では、(1) 社会階層研究と (2) ジェン
ダー研究、という2つの視点から教育における不平等に関する先行研究を整
理する。そして、教育の不平等を克服するためにしばしば注目される視点と
して、(1) メリトクラシー研究、(2) 親の関わり (parental involvement) 研究、(3) 学
校教育システムの効果について研究、の3つから概観していく。

　以下では、これらの3つのテーマについて明らかにされていることを、国
内外の先行研究より導き出し、本書の分析課題を設定していく。

2　教育における不平等生成に関する先行研究のレヴュー

1　社会階層研究

　本書の教育における不平等生成に関する第一の分析視点は、社会階層 (social
class) である。親の収入や学歴に代表される子どもの社会階層と学力の関連は、
教育社会学に留まらず社会科学全般において広く関心が払われてきたテーマ
である。恵まれない家庭背景に生まれた子どもの学力不振は、その後の高校
進学や大学進学などの教育達成においても不利になり、職業達成も制限され

る。出身社会階層における不平等は、学力ないし教育を媒介して再生産され、不平等が世代間で連鎖することになる。Sirin (2005) のメタアナリシスによれば、学力の社会階層による不平等は、一部で若干弱まっている傾向があるものの、普遍的に強い相関関係にあるという[1]。

　それでは、2000年代の「学力調査の時代」(苅谷・志水 2004) を通じて明らかにされてきた日本の学力の不平等を整理していこう。

　まずは、苅谷ら (2002) の学力分析の知見から見ていこう。苅谷らの分析の主たる視点は、単に学力の不平等について現状をとらえることだけでなく、いわゆる「ゆとり教育」の影響を受けて、学力の不平等がかつてよりも拡大したかどうかを実証することであった。用いられた学力データは1989年と2001年の2時点で収集されたデータであり、それらを比較することで学力の不平等が拡大したかどうかを検証した。細かなリサーチクエッションと知見の詳細は当該論文を参照されたいが、苅谷らの分析の結果からは「ゆとり教育」による学力の二極化という傾向が示唆されている。

　繰り返しになるが、この当時に学力を分析する教育社会学者の関心は、「ゆとり教育」の負の影響を実証的に明らかにすることであった。「ゆとり教育」が浸透するということは、子どもの教育達成に対する学校教育の影響力を弱め、それに代わって家庭ないし親という私的な領域が影響力を強めていく。そのため、富裕層が自分たちの子弟の教育達成を有利にするために私立学校や塾に通わせるなどの、「親の選択」による公教育からの「脱出」が盛んになり、教育の公共性が崩壊することが危惧された (Kariya and Rosembaum 1999、市川 2006、藤田 2006 など)。

　こうした日本の教育の私事化の流れは、Brown (1990、1997 = 2005) がイギリス社会を例に指摘した、教育選抜におけるメリトクラシーからペアレントクラシーへの変容することと軌を一にし、耳塚 (2007) はペアレントクラシーの理論枠組みから現代日本の学力の不平等の実態を分析した。その結果、学力格差は、世帯年収、学校外教育費支出、通塾といった要因によって形成されており、日本も都市部を中心としてペアレントクラシーへの道を歩んでいると指摘する。

16 第Ⅰ部 これまでの研究の概要とデータの紹介

　ところで、多くの教育の社会的不平等研究者が苦心しているように、学力と家庭背景の分析には、どうしても親の学歴や年収などといった情報の取得が難しい。例えば、苅谷ら (2002) の研究では、「家の人はテレビでニュース番組を見る」、「家の人が手作りのお菓子を作ってくれる」、「小さいとき、家の人に絵本を読んでもらった」、「家の人に博物館や美術館に連れて行ってもらったことがある」、「家にはコンピュータがある」という質問項目への回答を主成分分析して「文化的階層」として社会階層の代理指標として分析に用いている。こういった社会階層を間接的な変数から作成する方法は、データの制約上はある程度は仕方ないのだが、どうしても情報の正確さに欠けてしまう。こうした子どもの家庭背景の情報をより正確かつ詳細に得るためには、子どもへの学力調査と同時に保護者 (親) への質問紙調査が必要になる。

　そうした中でも、日本の学力と社会階層の関連という点から先行研究をレヴューするに際して、現段階で本書にとって最も重要な研究のひとつとして位置づけることができるのは、「平成25年度全国学力・学習状況調査 (きめ細かい調査)」を分析した山田 (2014) のレポートである。すでに述べてきたように、全国学力・学習状況調査は児童生徒の保護者に対する情報収集はこれまでにはほとんど行われてこなかった。しかし、2013年度にはナショナルサンプリングによる保護者調査が実施され、保護者の収入、学歴水準、教育に関する考え方等の情報が収集された。その報告書の中で、山田 (2014) は、世帯年収、父親学歴、母親学歴を投入した重回帰分析の結果、学力に対して父親学歴が最も強い効果を持つことを明らかにしている。

　このように、次第に子どもの学力の不平等を厳密に説明するための「質の高いデータ」が次第にそろい始め、「学力調査の時代」を通じて知見が蓄積されていったのである。

2　教育格差におけるジェンダー研究

　学力の男女間の不平等についての研究はPISAやTIMSSのデータ分析によって蓄積されてきた。北條 (2013) はPISAとTIMSSのデータを用いて、小学4年生、中学2年生、高校1年生の算数・数学の得点と学習態度[2]の男女差を明ら

かにしている。分析の結果、いずれの学年でも得点分布の男女差が確認され、特に小4から中2にかけて得点分布の男女差が拡大するという。また、算数・数学の学習態度については、小4から女子の方が否定的であり、学年が上昇するほどその傾向が強まることを明らかにしている。

　このような、女子よりも男子の方が理数系教科が得意であり、かつ好む傾向にあることは、一般的にもよく知られている（天野 1988、村松編 1996、河野・藤田編 2014、寺崎 2015など）。また、この傾向は国際的にもほぼ共通で、PISAなどの結果からも示されている（OECD 2015b、2015cなど）。PISAの学力調査においても、41か国のうち数学的リテラシーの女子の平均値が男子より高いのは5か国に留まり、残りの36か国（日本を含む）では男子が女子より高い（国立教育政策研究所 2013、p.13）。また、ベネッセ教育総合研究所は、東京・ソウル・北京・ヘルシンキ・ロンドン・ワシントンDCの小学生を対象として「算数は男子のほうが向いている」という意識を比較した結果、どの都市でも男子の方が理数系教科に「向いている」と考えるなど、得手不得手の自己評価についても男女間に差があることが知られている（ベネッセ教育総合研究所 2008、p.53）。

　一方で、わが国の四年制大学への進学の男女間の不平等に目を向けると、その不平等は依然として残ってはいるものの大まかには縮小傾向にあるといえる。**図1-1**は、学校基本調査から作成した高校卒業時の四年制大学進学率の推移である。1975年には、四大進学率の男女差が30ポイント近くあったが、2000年には約17ポイントの差になり、2015年では8ポイントほどの差へと縮小している。女子が四大進学率の高まりは、かつて「女子向けの進路」として位置づけられていた短期大学（Brinton 1993）への進学者が四大へシフトしたためだと想定されている（橘木 2008）。また、女性間の大学進学の不平等については、不平等自体がなくなったわけではないものの、縮小傾向が観察されるという（中澤 2015）。

　このように大学進学に関する不平等は縮小傾向が確認されるものの、先に見たような理数系教科に関する男女間の差異は、女子は数学や物理科学などのいわゆる「理数系」分野を専攻している比率が低いなどといった進路選択

の違いを生み出す(OECD 2015b、2015c)。**図1-2**は、平成27年度学校基本調査より大学の関係学科別の学生数の男女比率を算出したものである。いわゆる「文系学部」の人文科学では女子の在籍率が65.5％と高い比率であるが、「理数系学部」の理学部や工学部では極めて女子の在籍率が低く、ほとんど「男子用の学部」となっていることがわかる。例えば、伊佐・知念(2014)は、「女性が理系進路を選び取るためには、学力のみならず、理系科目への意欲と、その背後にある階層の影響、そして、業績主義的価値体系への接近という幾重にも折り重なったハードルを越えなければ」ならず、「多くの女性にとって、理系に進む道は、閉ざされている」(p.93)と指摘する。

　このような進路分化の原因が、学力を通じた「選抜」の結果であれ、教科の好き嫌いを通じた「選択」の結果であれ、(教育)社会学者は、社会構造や教育システムの中にジェンダー差を生み出すプロセスがあると仮定し、そのメカニズムを明らかにすることに関心を払ってきたのである。

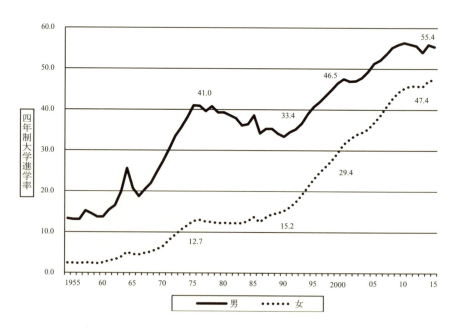

図1-1　高校卒業時の四年制大学進学率の推移（学校基本調査より作成）

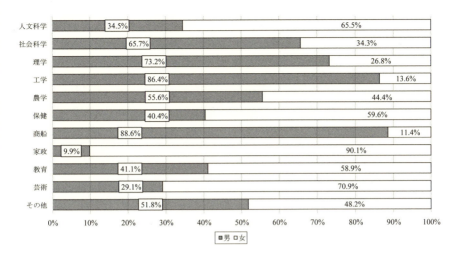

図1-2 大学の関係学科別学部に占める学生数の男女比率

(平成27年度学校基本調査より作成)

3 教育における不平等克服の試みに関する先行研究のレヴュー

1 メリトクラシー研究

　Michael Young (1958 = 1982) によるメリトクラシーの定式によれば、個人のメリットは能力と努力から成ると定義されるが、日本社会の教育達成(メリット)は、社会階層よりも個人の努力(＝頑張る！)がひたすらに強調されてきた。子どもの家庭背景による不平等は、「誰でも頑張れば」克服できると信じられ、こうした努力が強調される教育的イデオロギーは、しばしば「日本型メリトクラシー」と呼ばれる (苅谷 1995、2000、2001、竹内 1995)。

　さて、日本社会では教育達成に対して強調される努力であるが、日本の教育社会学の研究では、その指標として「家庭での学習時間」が分析に用いられる。その最初の研究は、苅谷 (2000) によるものであり、彼の研究がその後の日本のメリトクラシー研究に与えたインパクトは大きい。日本型メリトクラシーは努力を強調し、そしてそこでは、「誰でも頑張れば」高い学力、高

20　第 I 部　これまでの研究の概要とデータの紹介

い学歴を獲得できるというイメージが共有されてきた (苅谷 2001)。そこで苅谷 (2000、2001) は、家庭での学習時間を教育達成にむけた努力の一側面として位置づけ、学習時間が出身社会階層と関連するのかどうかを分析した。その結果、学習時間は子どもの社会階層によって規定されているため、日本型メリトクラシーを下支えするとされてきた努力でさえも不平等であることが明らかにされた。苅谷はこの分析結果を踏まえ、日本型メリトクラシーのイデオロギーは、「勉強ができなかったのは当人が頑張らなかったからだ」というように、個人の失敗を努力の欠如に帰着させ、教育達成の不平等を「努力が平等に介在する」という幻想によって隠蔽してきたと指摘している。

　こうした努力の平等神話に疑惑が向けられる一方で、「学力調査の時代」を経て学力データを手に入れた2000年代の日本の教育社会学者は、子どもの学力の獲得が「どのくらいメリトクラティックであるのか」の検証分析を蓄積させてきた。そこで用いられてきた手続きおよび手法の多くは、学力を従属変数に設定した重回帰分析において、階層変数を統制した上で、努力の指標である学習時間が有意にプラスの効果があるのかどうかを検証する、というものであった。これら一連の分析結果によれば、学力の分散は階層変数により大部分が説明されるものの、学習時間が学力を「改善」するのに対して一定の効果があることも同時に示されてきた (苅谷ほか 2002、耳塚ほか2002、金子2004、耳塚・中西 2014など)。

　ところが、不利な家庭背景にある児童生徒が自助努力によって得られる学力について、「平成25年度全国学力・学習状況調査 (きめ細かい調査)」の分析レポートにおいてショッキングな知見が公表されている。当該報告書に収録されている、耳塚・中西 (2014) のレポートのリサーチクエッションは、「Highest SES に所属する子どもが全く勉強しなかった場合の正答率を上回るには、その他のSESの子どもがどのくらい勉強すれば良いのか」というものであった。しかし、図1-3に示したように中学3年生の数学A問題を例に見ると、Highest SES の子どもが全く勉強しなかった場合の正答率は62.5%であった。これを上回るには、Upper middle SES の子どもは「30分以上、1時間未満」、Lower middle SES の子どもは「2時間以上、3時間未満」の学習によって、

62.5%の正答率を上回ることができるが、Lowest SESの子どもは、質問紙での尺度上最大である「3時間以上」の学習をしても62.5%の正答率を上回ることができないことが明らかにされた[3]。この知見はあくまでも平均値の比較に過ぎず、すべての児童生徒がこうした結果に該当するわけではないことには注意を払うべきである。しかし、ひたすらに個人の努力を奨励するだけでは学力の不平等が克服されるということは極めて難しいことが明らかにされた。

以上のように2000年代の学力データ分析を通じて得られた一連の研究成果によって、努力を強調する戦後日本におけるメリトクラシーが神話に過ぎないということが次々と暴かれていったということである。

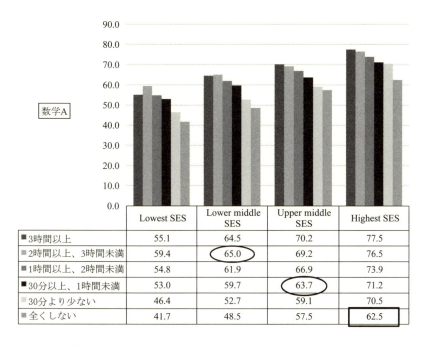

図 1-3 社会経済的背景別、学習時間と数学A正答率の平均値（中3）
注　耳塚・中西（2014、p.91 より引用）

22　第Ⅰ部　これまでの研究の概要とデータの紹介

2　親の関わり効果の研究

　いわゆる「3歳時神話」において、子どもが「健全に」成長できるかどうかは、幼児期における母親の子育ての努力や心がけにかかっているかのように認識される。そして日本では、学力不振という現象は、児童生徒本人の努力不足として扱われる一方で、しばしばその責任が「家庭の教育力不足」に向けられることがある。そこで本書では、親の関わり効果（parental involvement effect：以下、「PI効果」と表記）に関する先行研究から、母親の関わり方と教育達成の関連について概観しておこう。

　Lareau（2003）によれば、ミドルクラスとワーキングクラスの母親では、子育てのスタイルが異なるという。Lareauが示した子どもへの関わり（parenting）の分類は、ミドルクラスのそれが「協同的・計画的子育て」（concerted cultivation）、労働階級のそれが「自然的・放任的子育て」（accomplishment of natural growth）と名づけて区別されている。例えば、ミドルクラスの母親は、子どもに対して普段から論理的な言葉使いで接したり、権威からの自律を奨励したりする。それに対し、労働階級の母親の子育ては、命令口調が多く、権威との衝突を避けようとする。こうした社会階層間の育児戦略の違いが、子どもの学習習慣や学校適応の差異を生み、学力の獲得にも影響していくのである。つまり、子育てにおける実践的な行為であれ投資戦略であり、出身社会階層の高い親ほど子弟が有利になるように努めるため、結果として教育達成の不平等が形成されるということである[4]。

　子どもの学力向上のために、親はどのような子育てを行うべきかについては、これまでにも多くの関心が注がれてきた（蔭山2007など）。こうした子育てスタイルによる学力の獲得は、一般的に親の努力や心がけの違いとして認識されることが多い。例えば、『12歳までの読み聞かせが子どもの「地頭」をつくる！』の著者であるランディー（2015）は、幼少期の本の読み聞かせについて、「お金と時間をかけなくてもできる家庭教育」（pp.18-23）と主張する。しかし、こういった類の主張に対して、学術的観点からはこれまでにも、子育てと学力の関連はそれに先行する親の経済的状況などの社会階層による疑似的な関連であるという反論が常にされてきた（苅谷・志水編　2004など）。加えて、

こうした親の努力に依拠した「正しい」子育てスタイルの重要性が強調されるほど、親（特に母親）の育児不安を煽り、負担が重くなってしまうという危険性も指摘され（本田 2008）、それは確かに問題視されるべきである。

しかし、それにも関わらず、子どもの学力向上のための「正しい」子育てスタイルが繰り返し議論され続けているのは、親は子の「より良い生活」を望み、また現場教師や研究者など教育関係者にしてみれば、子ども達が家庭の経済的要因に制限されずに将来への可能性を高めていってほしいという希望を探し続けているからであろう。その点においては、個々人の実践的側面に不平等縮小の可能性を期待すること自体を否定すべきではないかもしれないが、一方でこうした側面に過剰な期待をかけることは、より正当かつ効率的な政策的介入を検討するのを妨げることにつながるだろう。

日本において、社会階層をコントロールしても何かしらの子育てスタイルが教育的アウトカムと関連することはしばしば指摘される。まずは、前出の「平成25年度全国学力・学習状況調査（きめ細かい調査）」における学力データを分析した2つの研究例を概観しよう。

当該データの研究グループは、保護者調査から得られた親学歴と世帯年収を主成分分析し、子ども達が置かれている社会経済的地位（Socio Economic Stats：SES）を尺度化し、Lowest SES、Lower middle SES、Upper middle SES、Highest SESの4つに分類して学力との関連分析を行っている。その中で、浜野 (2014, p.116) は、「家庭の社会経済的背景と子どもの学力との間には極めて強い相関がある」ものの「社会経済的背景が低くても高い学力をとっている子どもは一定数おり、それらの子どもがどのような特徴を持っているのかを明らかにすることに、学力格差緩和の鍵がある」として、その一要因として「効果的」な子育て方法を探る分析を行っている。その結果、Lowest SESの家庭の児童生徒でも本の読み聞かせをすると学力が高まることを指摘している（図1-4）。

また、同データを分析した垂見 (2014) は、Lareau (2003) の理論的枠組みを踏まえながら親の関与と学力の関連の分析を行い、家庭における読書活動、生活習慣に関する働きかけ、親子間のコミュニケーション、親子で行う文化的

活動といった家庭における親と子どもの関わり (PI効果) が学力にプラスの影響力があることを指摘している。

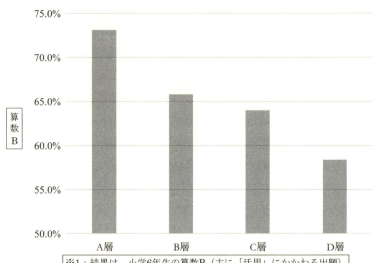

図1-4　本の読み聞かせによる学力

注　浜野 (2014、p.122) より図化した。

3　「効果のある学校」研究

　学力調査が盛んに行われた2000年代の「学力調査の時代」(苅谷・志水編 2004) は、同時に学校教育システムによる不平等の是正を探索する時代でもあった。つまり、学力の不平等が数値として示されていくにつれて、「では、学校は役に立たないのか？」をという疑問に、教育社会学者がどう応えていくかを検討していったのである。

　人々の生まれに起因する不平等の是正に学校教育がどのように貢献しうるのか。この素朴な疑問についての研究の潮流は、しばしば次のように整理される。事の発端は、Coleman et al. (1966) の一般に「コールマン・レポート」と呼ばれるアメリカの教育機会の構造を明らかにしようとした調査報告書であ

る。よく知られていることであるが、この調査の開始前の仮説は、「教育達成の人種間の不平等は、黒人が多く通う学校が白人の多い学校に比して学校条件の整備が大きく劣っているからである」というものであった。しかし、調査・分析の結果、両者の学校条件には大きな差がなく、教育達成の不平等を説明するには家庭が大きな原因なのかもしれない、ということが明らかにされた。その後、Jencks et al. (1972＝1978) が統計的手法を用いて Coleman et al. (1966) の結論を強化したことで、教育達成の不平等に対し、学校教育は限定的な役割しか果たすことができないと結論付けられるに至った。こうした「学校無力論」に反論すべく、Edmonds や Weber といった「効果のある学校 (Effective School)」論者が立ち上がった、というのが大まかなストーリーである (志水編 2009 など)。そして、日本の教育社会学における「効果のある学校」研究の先駆けには、しばしば鍋島 (2003) が位置づけられ、川口・前馬 (2007) や川口 (2009) などの精緻な計量研究を経て現在でも知見が蓄積され続けている最中である。

　教育の不平等に対する平等化装置としての学校教育にかけられる期待は依然として大きかった。そして、日本では教育に関する諸問題が「学校の責任」として認識されることが多く (広田・伊藤 2010)、学力不振の児童生徒についても例外ではない。例えば、2014 年 9 月に静岡県知事が、全国学力・学習状況調査の結果が小 6 国語 A の結果が平均以上だった公立小学校 262 校の校長名と、小 6 国語・算数の県内 35 市町の平均正答率を公表した[5]。このような措置が行われたことの背景には、「学校教育が〈適切な効果〉を発揮することができれば、学力不振は解消される」というイデオロギーの存在が読み取れる。

　ところが、「効果のある学校」の探求の作業はそれほど簡単ではない。まず、「効果がある」ということをどのように定義すれば良いのかが、一見すると単純そうなのだが極めて難しい。多くの場合は、①サンプル全体の平均値や「子どもの出身社会階層から予測される学力得点」といったようなある数値の基準を設定して、②設定した基準を数値上で上回る学校を抽出し、それらを「効果のある学校」と定義する。③そして、数値が基準を上回った学校を

モデルケースとして、そこでの校長のリーダーシップや教員のモラールなどの特徴を描き出す、というのがスタンダードな手続きのひとつである。

　また、「学校効果」の測定には、高度な統計的手法を用いた研究の必要性も迫られる。伝統的に最もよく見られるのは、学力を従属変数に設定し、独立変数として投入した学校効果／教育効果の変数が、子どもないし学校の社会経済的地位 (SES) をコントロールしたうえでも統計的に有意であるかどうかを重回帰分析などによって検証するものである。最近では、PISA や TIMISS などの大規模な公開データが使用できる環境が整ってきたことや厳密なデータ収集が行われつつあることに加えて、分析ソフトウェアの発展・普及により高度な分析手法が比較的容易に行えるようになってきた。そのため、「学校効果」の検証にはマルチレベルモデルを用いるなどの技法がますます精緻に行えるようになっている。

　こうした「効果のある学校」研究の流れを汲みつつ、大きな研究成果のひとつとなっているのは、前出の「平成 25 年度全国学力・学習状況調査 (きめ細かい調査)」のデータをお茶の水女子大学の分析チームが再分析した『平成 26 年度学力調査を活用した専門的な課題分析に関する調査研究 (効果的な指導方法に資する調査研究)』(お茶の水女子大学 2015) である。むろん、千葉県検証改善委員会 (2008) や志水編 (2009) などでも示唆に富んだ知見が示されているのだが、お茶の水女子大学 (2015) の報告はナショナルサンプリングによるデータ分析を行っている点においてより知見の代表性があるだろう。

　この報告書の目的は、①学力向上に効果的な学校内での指導方法、②学力格差の緩和に貢献する指導方法、③それらの指導方法を可能にするための条件 (行政的サポート、学校管理運営、異校種間連携、教員研修、地域社会の支援等)、の3点を明らかにすることとされている。また、「効果のある学校」の定義については、学力の学校平均得点が高い学校を「教育効果の高い学校」と見なすのではなく、学校が置かれた社会経済的背景を考慮して、高い学力得点をマークしている学校を「効果のある学校」と見なしている。

　以上のように、学校教育による不平等の是正という研究テーマは、歴史が古いだけではなく、教育研究者に留まらない教師や保護者などの関係者の関

心事でもあるため蓄積も多い。それゆえに、その効果検証は、データと分析手法の新しさが議論の焦点となっているのである。

4 何が明らかにされており、何が明らかにされていないのか

1 学力の不平等はどのような推移を辿るのか？

　これまでに蓄積されてきた日本の学力研究は、学力の不平等がどのような推移を辿るのかを把握できていない。すなわち、学力格差はいつから形成され、どのような変化をするかということであるが、こうした素朴な疑問に答えるための研究は日本ではほとんど行われていない。同じ児童生徒を追跡的に調査しなければ、学力がどのように変化し、その背景にはどのようなメカニズムが存在しているのかという因果的推論に踏み込むことは極めて困難である。

　最近の日本の研究では、子どもの学力は極めて早い時期から家庭背景によって差異が観測され、どの学年段階においても出身社会階層による学力格差が存在することが明らかにされつつある (Hamano 2010、赤林ほか 2010、山田 2014)。しかし、それらの知見は複数の学年を対象としたクロスセクションデータや短期間のパネルデータをつなぎ合わせて得られた知見に留まる。海外の研究では学力の長期的な変化をとらえる研究があり、例えば、Seltzer et al. (2003) は Longitudinal Study of American Youth (LSAY) のデータを用いて、学力の初期スコアが高い児童生徒の方がその後のスコアが向上しやすいことを明らかにしている。また、Heckman (2006) は Peabody Individual Achievement Test (PIAT) のデータを用いて、算数スコアの変化を子どもの親の家計年収別に分析し、家計年収による子どもの学力格差は6歳というかなり早期の段階から形成されており、学力格差が加齢とともに広がっていくことを明らかにしている。さらに、Cheadle (2008) は、Early Childhood Longitudinal Study (ECLS) のデータから、社会階層や人種による学力格差の推移の多様性について明らかにしている。

　そこで本書では、学力のパネルデータを用いることによって、日本におけ

28 第Ⅰ部　これまでの研究の概要とデータの紹介

る学力格差が加齢とともにどのような推移をたどるのかを明らかにする。

2　教育達成の男女間格差はどのようにして形成されるのか？

　先に見たように、理数系教科の学力および選好度は男子の方が高い傾向が国際的にも明らかにされている。本書では、この傾向をパネルデータによって分析し検証していく。

　パネルデータは、同一の個人を追跡的に調査して構築したデータであり、①観測変数の詳細なプロセスを探ること、②観測された変化プロセスにおいて、どのタイミングでの介入が適しているのか、等を把握することができるという点が優れている。つまり、パネルデータを用いることで、理数系教科選好度の男女間の差異を是正するための介入に適した時期を明らかにすることができるのである。本書では、こうした研究の文脈に位置づき、パネルデータを用いて学力および理数系教科選好度のジェンダー差がどのように形成されるのかを明らかにする。

　現在、安倍内閣が展開しようとする経済再生戦略の1つには「成長戦略」が掲げられている[6]。そこでは女性の積極的な活用が目指されており、それは科学技術分野での女性の活躍促進も視野に含まれている[7]。こうした社会的背景を踏まえつつ、理数系教科選好度の男女間差異に着目し、その形成メカニズムを実証的に明らかにすることは、女性のキャリア形成へのエンパワメント、社会的公正、科学技術分野でのジェンダー・バイアスの是正（村松編1996、pp.7-9）の手がかりになることが期待できるだろう。

3　学力の不平等は個人の努力によって克服できるのか？

　すでに何度も述べているように、既存の研究は、一時点の調査によって収集されたクロスセクションデータの分析によるものであった。そのため、学習時間を指標とした努力の効果検証も、諸要因を統制した上での学習時間の効果が学力に対して正の相関関係であることを明らかにしてきたに過ぎない。本書では、パネルデータを用いることで、学習時間の変化に付随して学力が変化するのかどうかを明らかにする。

加えて、社会階層別に学習時間の効果の比較分析も行う。以上の分析課題と関わって、学習時間の効果が出身社会階層によってどのように異なるのかが明らかにされていない。日本型メリトクラシーにおける「誰でも頑張ればイデオロギー」(苅谷 2001) は、学習時間の多さに比例して学力が上がることになっており、努力の効果が平等だと前提されていることになる。しかし、前出の図1-4に示したように、最も勤勉なLowest SES の児童生徒の学力は、最も勤勉でないHighest SES の児童生徒の学力を下回る (耳塚・中西 2014)。これには、(1)出身社会階層による初期的な不平等が大きいことに加え、(2) 出身社会階層によって学習時間の効果が異なる、という2段階のメカニズムが想定できる。第一の段階は家庭環境そのものが生み出す不平等であり、第二の段階は個々人の実践が生み出す不平等である。Bourdieu らの一連の研究が示唆するように、児童生徒は、家庭において身につけてきた種々の傾向や予備知識の総体が異なっている。そのため、教育達成をとりまく種々の学習行動(例えば、努力) は形式的に平等であるに過ぎない (Bourdieu and Passeron 1964 = 1997、1970 = 1991、Bourdieu 1979 = 1990)。

このようなBourdieu らの理論的枠組みを踏まえるのならば、相対的に不利な家庭背景出身の児童生徒に比べて恵まれた家庭背景の児童生徒は、「効果的な学習」がより身体化されているために、学習時間の効果が社会階層別に異なり、その結果として、個々人の努力では学力の不平等は克服することができないことになる。そこで、本書ではパネルデータを用いた分析から「努力の効果は平等であるか」を検証する。

4 本の読み聞かせ経験は、子どもの学力を向上させるのか？

国内外の研究を概観すれば、PI効果は子どもに対してポジティブな効果があることが把握できる。しかし、PI効果と教育的アウトカムの研究は、①教育的アウトカムにどのような変数を設定するのか、②PI効果にどのような変数を設定するのか、③分析対象者にどのような年齢、学年を設定するのかによってしばしば知見が一貫しない。そのため、PI効果と教育的アウトカムの分析にはパネルデータを用いることがより望ましいと指摘されてい

る（Domina 2005、Matsuoka et al. 2013）。パネルデータを用いた日本の研究例を挙げれば、Matsuoka et al. (2013) は、①教育的アウトカムには、主に家庭での学習時間を設定し、②PI効果に、「勉強しなさいと言う」、「子どもがいつ勉強すべきかを自分に決めさせる」、「子どもが勉強する時は監督する」、「子どもが勉強しているかどうかをチェックする」、学校外教育の利用といった質問項目を設定し、③小学校1年生から4年生を対象としたパネルデータの分析を行っている。その結果、日本においてもPI効果はロバスト（頑健）であることを明らかにしている。

　こうした指摘を受けつつ、本書ではパネルデータを用いて、PI効果の一指標として幼少期における本の読み聞かせ経験が学力に与える効果を分析する。国内外のPI効果に関する研究を概観すれば、本書の分析においても、本の読み聞かせ経験が学力に対してポジティブな効果があることが予想される。近年、社会的な不平等を縮小するための介入に適した時期は、就学前であると主張されている（Heckman 2006、Esping-Andersen 2006 = 2012など）。本書の分析では、幼少期の本の読み聞かせ経験が学力の不平等縮小に効果的であることを示し、幼少期の介入こそが不平等縮小に適切なタイミングであることを主張していきたい。

5　学校教育システムの不平等是正効果は継続的であるのか？

　「学力調査の時代」（苅谷・志水編 2004）を通じて、学校教育システムによる不平等の是正を探索する時代でもあった。ところが、以上に述べた課題と同じく、得られた知見が一時点のクロスセクションデータによる分析結果に留まる。それゆえ、学校教育システムの効果の①タイミングと②持続性という2点に着目して分析を試みる。

　例えば、公立学校では入学してくる児童生徒の「質」が毎年大きく変わることがある。そのため、何かしら教育効果が観測されたとしても、「たまたま効果のある学年だった」だけなのかもしれない。これは一度限りの調査ゆえに発生してしまう問題であるが、こうした単年の調査データを乗り越える試みはすでに行われている。川口・前馬 (2007) は、同一の学校群における異

なった中学3年生を2年間にわたる調査から比較分析した結果、「効果あり」と判断できる成果をあげる学校(「効果のある学校」)は大きく変化していることを示しつつ、「2年間続けて『効果のある学校』」を分析することで、「教員集団のあり方」を検討することの重要性を主張している。

　こうした川口・前馬 (2007) に見られるような丁寧な分析は極めて重要な仕事である。しかし、一時点のデータの限界として考えられるのは、学校教育システムの効果は、①効果が表れやすいタイミング(学年)があるのかもしれないし、②観測された効果が持続性をもつのかどうかも不明だという2点である。これらは、分析対象が同一の個人ないし集団として一貫していないことに由来する。それゆえ、本書では、学校教育システムが不平等の是正に効果的であるかどうかを分析し、その効果の様相と範囲を確認しておく必要があるだろう。

注

1　メタアナリシス (meta-analysis) とは、『教育研究とエビデンス』(国立教育政策研究所編 2012、p.369) において以下のように紹介されている。複数の独立した研究の結果を統計的に組み合わせて、問題に対して総合的な回答を与えるための技法。それぞれの研究においてアウトカムの測定スケールが異なる場合、平均値や標準偏差の絶対値は異なるが、平均値の差を標準偏差で割り算した値は、測定のスケールが異なっていても互いに比較することが可能な値になる。これを(標準化)エフェクトサイズと呼ぶ。つまり、Sirin (2005) は、過去に蓄積されてきた膨大な学力と社会階層の関連分析の結果の効果量(エフェクトサイズ)を算出し、その時代の変化を明らかにしたということである。

2　算数・数学の学習態度には、「学校で、算数をもっとたくさん勉強したい」、「他教科を勉強するために数学が必要だ」、「自分が行きたい大学に入るために数学で良い成績をとる必要がある」などの質問項目が用いられている。

3　国語でも同様の知見で、Lowest SES の子どもがどれだけ勉強しても、無勉強のHighest SES の子どもの正答率を平均値で超えることはなかった。

4　「協同的・計画的子育て」(concerted cultivation) と「自然的・放任的子育て」(accomplishment of natural growth）の日本語訳は、内海（2010）を参考にしている。また、Lareau（2003）が論じた社会階層による子育てスタイルの差異については、本田（2008）が**表1-1**のようにわかりやすく整理している。必要に応じて参照されたい。

表1-1　ミドルクラスと労働者階級・貧困層の母親の子育ての違い

子育ての諸側面	ミドルクラス	労働者階級・貧困層
子育て理念	子どもの全面発達に向けて力を注ぐ（concerted cultivation）	子どもの自然な成長の完遂（accomplishment of natural growth）
放課後の過ごし方	多種多様な活動（organized activities）	近所で友達や従兄弟らなどど勝手に遊ぶ、テレビを見る
言葉使い	理性的な説明、言葉使いを楽しむ	命令口調の多さ、必要なことのみ伝える
母親の学校等とのつきあい方	子どもに最大限の便益が得られるように積極的に交渉	疎遠・萎縮・反発
子供に形成されるもの	大人と臆せずつきあうこと、選ばれた者としての特権意識（sense of entitlement）、こまっしゃくった生意気さ、時に疲弊・退屈	自分たちで遊びやルールを作っていく力を身につける、専門職（教師・医師等）の前では萎縮
学校からの評価	同じミドルクラス的価値観を共有することで高く評価	評価観を異にすることで低い評価

注　本田（2008、p.24）より引用。

5　2014年9月4日。情報ソースは、THE HUFFINGTON POST IN ASSOCIATION WITH The Asahi Shinbun より引用した。http://www.huffingtonpost.jp/2014/09/04/shizuoka_n_5770020.html、2016年11月15日取得。

6　安倍内閣が目指す経済再生は「3本の矢」と名づけられており、その3つは「大胆な金融政策」、「機動的な財政政策」、「成長戦略」である。女性の活用については、「成長戦略」の中に位置づけられており、「待機児童の解消」、「職場復帰・再就職の支援」、「女性役員・管理職の増加」が具体的な課題として設定されている（首相官邸ホームページより引用、URL: http://www.kantei.go.jp/jp/headline/women2013.html、2015年12月10日取得）。

7　内閣府男女共同参画局「科学技術分野における女性の活躍促進」を参照した

（http://www.gender.go.jp/public/kyodosankaku/2013/201312/201312_02.html、2015年12月10日取得)。

34 第Ⅰ部 これまでの研究の概要とデータの紹介

第2章 データの概要

1 「青少年期から成人期への移行についての追跡的研究」 (Japan Education Longitudinal Study: JELS)の特徴

　本書で用いるのは、「青少年期から成人期への移行についての追跡的研究」 (Japan Education Longitudinal Study: JELS)（代表：お茶の水女子大学・耳塚寛明）によって 得られたデータの一部である[1]。

　本調査は、学齢児童をベース調査として、「学校生活」の変化を観測可能 にしている。具体的には、小学3年生を基点として3年ごとに、小学3年生 ―6年生―中学3年生と接続できるように設計されている。例えば、「働き方 とライフスタイルの変化に関する全国調査」（東京大学社会科学研究所）の高卒パ ネル調査は、高校3年生を基点として高卒後の生活を追跡調査しており、そ の調査の主たる範囲は進学行動や職業への移行のプロセスである。これと対 比すると、JELSデータは学校生活の変化が観察可能なことが特徴的である といえよう。加えて、質問紙調査と同時に学力調査を実施していることが特 徴的である。例えば、「社会階層と社会移動全国調査」(The national survey of Social Stratification and social Mobility：SSM調査）などに見られるが、調査対象者の「学力」 に関する情報は、中学3年時の成績の自己評価を回顧的に回答してもらった ものであり、客観的に測定されたものではない。それに対し、JELSでは学 力調査を同時に実施しているため、学校生活の変化を学力の変化とともに分 析することが可能なのである。

2　日本の学力パネル調査の現状と本書の位置づけ

　管見する限り、日本ではJELS以外に2つの学力パネルデータ分析が報告されている。以下は、それらの知見を概観しつつ本書の特色を整理していこう。

　1つめは、「地方自治体の学力調査と結合したパネルデータを用いた学力の要因分析」および「小学校から中学校までの低学力層の学力の変化とその要因に関する研究～全国学力調査と地方自治体の学力調査を結合したパネルデータを用いた分析～」(代表：広島大学・山崎博敏) である。この調査は、沖縄県の小学4年生 (2007年)・6年生 (2009年)・中学2年生 (2011年) を対象として3時点で実施された学力パネル調査を用いている。実施教科は算数・数学と国語である。分析報告においては、調査期間での学力の変化および停滞の実態をとらえつつ、学力が変化した児童生徒の特徴を明らかにしている (山崎博敏ほか編著『沖縄の学力追跡分析―学力向上の要因と指導法』2014a)。

　2つめは、「日本子どもパネル調査：Japan Child Panel Survey (JCPS)」(慶応義塾大学パネルデータ設計・解析センター) である。この調査は、2010年に開始され、小学1年生から中学3年生を対象に、子どもの学力と心理、家庭背景などの情報を定期的に調査し、2016年現在でも継続中である。学力調査において実施した教科は算数・数学と国語である。赤林英夫らによって執筆された『学力・心理・家庭環境の経済分析―全国小中学校の追跡調査から見えてきたもの』(2016) では、2010年から2013年までの4年分のデータ分析を行っているが、家庭背景の情報収集と学力のパネルデータ分析は2時点分となっている。計量経済学における固定効果モデルおよびランダム効果モデルを用いて、学力に対する所得効果やソーシャルキャピタルの効果の検証を行っている。

　これら日本国内の学力パネル研究と比較すると、JELSデータは相対的に長い期間のパネルデータが構築されているという点に特徴がある。先に整理した2つの学力パネルデータは、2時点ないし3時点を観測しているものの4年以内の調査であるが、JELS調査は6年間 (3時点) の追跡調査を行っている。そのため、一時点間のインターバルは長くなってしまうものの、学力の長期的な変化を分析することができる。

36 第Ⅰ部 これまでの研究の概要とデータの紹介

3 本書の分析データの概要

1 JELS調査におけるエリアと調査の時期

　JELS調査は、関東エリアと東北エリアの2つの地域において、6年間で3時点にわたって実施された。調査地域の人口規模は、関東エリアが約25万人、東北エリアが約9万人である(調査開始当時)。

　調査時期は、関東エリアが2003年(Wave1)、2006年(Wave2)、2009年(Wave3)、東北エリアが2004年(Wave1)、2007年(Wave2)、2010年(Wave3)の11月で、Wave1に小学3年生、Wave2に小学6年生、Wave3に中学3年生を対象に実施された。本書で用いるデータは、児童生徒への質問紙調査と算数・数学学力調査により得られたものである。

　データ収集は、県および市の教育委員会を通じて、関東エリアでは地域内の約半数の学校へ依頼し、東北エリアでは地域内にある全ての公立の小中学校へ調査を依頼した。その結果、関東エリアでは、小学校が14校、中学校が8校、東北エリアでは、小学校が21校、中学校が10校からの調査協力が得られた。

　調査は、教室での集合自記式で実施し、各学校の教員が配布・回収している。そのため、本データの分析によって示すことができる結果は、公立中学へ進学した児童生徒のみである。また、個人の情報をマッチングすることに備えて児童生徒調査票・学力調査票ともに記名式で実施している。在籍する学年・クラスだけではなく、出席番号、名前、住所、電話番号を記入してもらっている。本書では、児童生徒への質問紙調査と学力調査に加えて、各学級担任への質問紙調査データも分析に用いる。

　本来このような調査研究はナショナル・サンプルによって実施されるべきであるが、事実上不可能に近い。そのため調査エリアを限定し、エリア内で無作為抽出調査あるいは悉皆調査を行うことによって調査地域の代表性を保持するという戦略をとっている。加えて、この調査では、保護者の学歴水準や学校外教育利用率等の生活環境が対照的な関東と東北の調査エリアという2地域を対象とすることで、結果の代表性を確保することを狙いとしている。

第2章　データの概要　　37

2　データの接続状況および追跡率

　本書で用いるデータの接続状況を詳述しよう。概要は**表2-1**に示した通りである。質問紙調査ベースでの各調査ウェーブでの配布数・回収数・回収率は**表2-2**に示した通りである。教室での集合自記式調査であるため。回収率は高い水準である。

　こうして収集された3時点のデータの接続には、学力調査をベースに接続可能ケースを抽出した。その上で、本書の問題関心にとって中心的な分析に用いる変数について無回答のあるケースは分析から除外した。その結果、本書で分析の対象とするサンプル数は、関東エリアで580人（接続率51.9%）、東北エリアで505人（接続率54.8%）となった。

表2-1　調査ウェーブごとの配布数・回収数・回収率

	学年	関東エリア				東北エリア			
		学校数	配布数	回収数	回収率	学校数	配布数	回収数	回収率
Wave1	小3	14	1161	1118	96.3	21	935	921	98.5
Wave2	小6	14	1144	1130	98.8	30	1104	996	90.2
Wave3	中3	7	1001	895	89.4	10	1101	928	84.3

出所）王・耳塚（2011、2012より抜粋）　　　　　　　　　　　　　　　　（JELS ）

表2-2　本書で用いるパネルデータの接続状況

		小3	小6	中3	本分析 使用ケース
関東エリア	追跡数	1121	919	618	580
	追跡率	100.0%	82.0%	55.1%	51.7%
東北エリア	追跡数	924	642	524	505
	追跡率	100.0%	69.5%	56.7%	54.7%

（JELS）

3　使用する変数について

　分析に用いる変数については各章ごとで少しずつ異なるのでその都度詳述するが、本書の中心的な変数となる児童生徒の「学力」と「出身社会階層」の指標についてはここで概要を記述しておこう。

1　学力の指標としての算数・数学通過率

　本書で「学力」の指標として用いている変数は、算数・数学の1教科のみであり、測定される「学力」が限定的なことには注意を払う必要がある。この学力調査では、測定された数値を「通過率」と呼ぶ。通過率は、正答および準正答の場合を「通過」とし、全設問数に対して「通過」となった設問数の割合のことである。

　本書で「学力」の指標として用いている変数は、算数・数学の学力調査結果である。その設問は、①評価尺度：比較的限定された学力を、一元的な尺度で測定する。②評価対象：主として「結果」をみる。③評価観店の設定時期：どんな学力をみる問題かをあらかじめ決めておく。④テストの性格：スピードテスト的性格。⑤評価手段：ペーパーテスト、⑥回答形式：択一式、簡単な記述式、としてまとめられている（お茶の水女子大学 2005、p.75）。

　また、用いる学力データも算数・数学の1教科のみであり、調査時間も30分〜40分程度で、いわゆる「計算問題」の出題が多く設定されている。そのため、測定される「学力」が限定的なことには注意を払う必要がある。

　加えて、ここで測定している通過率は、算数・数学のカリキュラムの内容を児童生徒がどの程度習得しているかを測定したものに過ぎない。それゆえ、ここで測られた教育到達度は「真の学力」ではないという批判がありうる。確かに、本学力データの得点は学力の一側面に過ぎず、例えばPISAなどとは異なり、「学力」を多次元的にとらえ切れていないだろう。しかし、学力の定義は論者によって様々であり、「真の学力とは何か」を問うことは「水掛け論」（苅谷・志水編 2004、p.5）にもなり、そのコンセンサスを得ることも非常に困難である。よって、本書においては、今回の算数・数学調査によって測定された通過率を学力の指標と見なして分析を展開していく。

第 2 章　データの概要　　39

　本書で使用する学力データの記述等計量を**表 2-3** に示した。学力調査において、正答および準正答の回答を「通過」とし、全設問数に対して「通過」となった設問数の割合を測定された「学力」として「通過率」と表記する。

　表 2-3 の素点箇所の平均値を確認しよう。分析サンプル全体の平均値の変化は、小 3：70.6→ 小 6：46.8→ 中 3：65.5 と変化しており、小 6 時点の学力調査の出題難易度が高かったことが伺える。こうした学力調査の難易度のバラつきを考慮して、本書の分析では、算数・数学通過率を各ウェーブで偏差値化（標準化後、10 を乗じて 50 を加える）した値を用いる。調査エリアはマージ（合併）している。

　なお、重要な点であるが、本分析で観測される学力の「変化」は、個人の絶対的な学力が「上がった／下がった」ということではなく、同一集団内において、個人の学力の「相対的な位置」が変化したことを示す。

表 2-3　算数・数学通過率の記述統計量

	全体 N=1085			関東エリア N=580			東北エリア N=505		
	小3	小6	中3	小3	小6	中3	小3	小6	中3
素点									
Mean	70.6	46.8	65.5	68.9	47.0	66.1	72.1	46.6	64.9
S.D.	16.6	18.9	21.5	15.8	16.9	20.0	17.2	20.6	22.7
Min.	11.8	0.0	0.0	23.5	9.1	0.0	11.8	0.0	0.0
Max.	100.0	100.0	100.0	100.0	100.0	100.0	100.0	95.5	100.0
偏差値化スコア									
Mean	50.0	50.0	50.0	50.9	49.9	49.7	49.0	50.1	50.3
S.D.	10.0	10.0	10.0	10.3	10.9	10.6	9.5	8.9	9.3
Min.	14.6	25.3	19.5	14.6	25.3	19.5	21.7	30.1	19.5
Max.	67.7	78.1	66.1	67.7	75.7	66.1	67.7	78.1	66.1

(JELS)

2　児童生徒の出身社会階層

　わが国における、教育社会学的な調査で児童生徒の出身社会階層に関する情報を得ることは極めて難しい。それというのも、日本では長らく教育と社会階層ないし貧困の関係を論じることが「差別的」であるとされる側面があったからである (苅谷 1995)。そのため、児童生徒調査で家庭背景に関する質問を尋ねている場合は、家庭における文化的環境などの代替指標を使っている

40 第Ⅰ部 これまでの研究の概要とデータの紹介

ことも多かった (苅谷・志水 編2004など)。

JELSの児童生徒質問紙調査では、3度の調査それぞれで父親と母親が「大卒か否か」を尋ねている。そこで本書では、一番学年が上で、回答の信頼性が最も高いと想定される中学3年生の質問紙調査の回答を出身社会階層の指標として用いる。なお、親学歴についての無回答は欠損値とはせずに、「学歴不明」として分析に用いることとする。むろん、子どもが完全に親の学歴を正確に把握しているとは限らないため、この質問項目で社会階層をとらえきることは難しい。これはデータ上の限界となるだろう。

下の表2-4には、分析対象者の基本属性として性別と親学歴を示した。関東エリアの方が父母の大卒率が高い地域であることがわかる。

表2-4 児童生徒の基本属性

	全体 N=1085		関東エリア N=580		東北エリア N=505	
	N	%	N	%	N	%
性別						
女子	517	47.6	294	50.7	223	44.2
男子	568	52.4	286	49.3	282	55.8
父親学歴						
非大卒	547	50.4	241	41.6	306	60.6
大卒	433	39.9	290	50.0	143	28.3
不明	105	9.7	49	8.4	56	11.1
母親学歴						
非大卒	645	59.4	310	53.4	335	66.3
大卒	345	31.8	222	38.3	123	24.4
不明	95	8.8	48	8.3	47	9.3

(JELS)

4 想定される脱落の傾向

本章の最後に、使用するパネルデータのサンプル脱落 (sample attrition) について詳述する。縦断的調査は標本の脱落が不可避であるが、特定な脱落傾向が見られる場合には、「偏った」分析結果が得られる可能性があるため、接続可能なデータの傾向を検討する必要がある (北村 2005など)。そこで、ここでは、JELSデータにおけるサンプルの脱落の傾向を確認する。

すでに述べた通り、JELS調査は教室での集合自記式での質問紙調査であ

る。こうした調査方法を踏まえれば、サンプルの脱落理由には以下の4点が想定される。

　　　ケース1：調査当日に欠席した
　　　ケース2：調査期間（第一波と第二波の間あるいは第二波と第三波の間）に引っ越した
　　　ケース3：質問項目には回答したが、調査票に無記名だった
　　　ケース4：中学進学時に、調査対象校以外の学校へ進学した

　調査方法が、学校での集合自記式であり、また各調査ウェーブにおける回収率の高さから考えれば、ケース1はそれほど多くはないだろうし、一般的に考えるとケース2も少数に留まるだろう。ケース3の可能性についてであるが、既述の通り、JELSは記名式で実施しており、追跡調査の過程で一度でも個人を特定するための情報を回答してもらえない場合はマッチングが不可能であるが、個人情報をできるだけ外に出さないという気運の高まりによって、調査票を無記名で提出するものが多くいるという可能性は十分考えられる。しかしながら、匿名者の追究は（学校側の協力がない限り）検証することは非常に困難である。これに対し、中学進学時に調査対象校以外の学校へ進学した可能性については、特に関東エリアで高いと考えられる。というのも、関東近郊である関東エリアは交通が便利であり、通学可能な範囲に複数の私立中学校が存在しているため、調査エリアの外の学校へ進学した可能性が想定できる。

5　脱落サンプルについての先行研究レヴュー

　それでは、他のパネル調査では脱落サンプルの傾向はどのように整理されてきているのか。ここでは、サンプルの脱落に関する先行研究をとりわけ日本で実施されてきたパネル調査を中心にレヴューし、分析の視点を設定する。
　まずは、東大社研が実施している「働き方とライフスタイルの変化に関する全国調査」について確認しよう。田辺（2012）によれば、サンプル脱落の傾

向は、①相対的に若年であること、②男性であること、③相対的に学歴が低いこと、④相対的に年収が低いこと、⑤賃貸住まいであること、などが知見として示されている。

相対的に若年層が脱落傾向にあることについては、坂本 (2003) に詳しい。当該論文では、財団法人家計経済研究所が実施している「消費生活に関するパネル調査」における脱落サンプルの傾向を分析し、若年層に脱落が偏るのは、「多忙」、「転居」、「結婚」、「出産・育児」などのライフステージ特有の理由があるという。JELSデータでは、すでに中学卒業から高校では追跡サンプルが難しいことを指摘している (中西・耳塚 2013) が、学校間の移行というイベントも追跡の困難さを上昇させるのである。

脱落サンプルの傾向の違いを都市・人口規模の差異から分析したものには中川 (2012) の研究がある。中川は「結婚と家族に関する国際比較パネル調査」のデータから、人口規模の大きい調査地区に属するサンプルにおいてパネル脱落率が高くなっていることを指摘している。これは、都市部での持ち家率の低さなどが影響しているのかもしれない。

以上は、性別、出身社会階層、ライフイベント、居住環境、都市・人口規模などに着目したものであり、いずれも重要な要因であろう。しかし、JELSは学校での集団自記式による質問紙調査であるため、これだけでは不十分である。具体的にいえば、調査の可否について児童生徒本人の学校適応も重要となろう。学校適応と追跡の可否については、井上 (2008、2009) が分析している。

データは東京大学教育学研究科高校教育研究会 (代表：苅谷剛彦) が実施した調査である。パネル調査は、東大社研の高卒パネルと同様に、高校3年生に対してベース調査を実施し、卒業後に郵送法によって追跡調査票を回収するというものである。社研の高卒パネルとの決定的な違いは、追跡調査の実施に際しても卒業高校の協力を得ているということである。具体的には、在学時に生徒へ調査の趣旨を説明しており、さらに追跡調査票の郵送にも出身高校からの協力依頼状を添付するなど、出身高校の「お墨付き」を強調した調査になっている。そのため、追跡調査協力の可否についても、高校在学時に

どの程度学校にコミットしていたかが重要になるということである。井上（2008、2009）は、分析の結果、高3時の学校適応（学校が楽しいかどうか）によって、「楽しくない」と回答している生徒ほど、追跡調査に協力しないことを指摘している。

　以上の先行研究のレヴューより、本章の分析の視点を、①性別、②児童生徒の家庭背景、③都市規模、④学校適応とし、これに⑤学力調査の結果を加えた5つに設定し分析を展開していく。

6　脱落サンプルの分析

1　追跡者の特徴：性別と出身社会階層

　まずは、3時点追跡者の特徴を、性別と家庭的背景から明らかにしていこう。性別を比較すると、関東エリアでは女子の方が追跡できており、東北エリアでは男子の方が追跡できていることがわかる。とりわけ、東北エリアではカイ二乗値も有意であり、女子の脱落サンプルの偏りが統計的にも有意である。

　次に、家庭背景である。小学3年生が回答した結果なので解釈に注意が必要であるものの、追跡者と脱落者の間に大きな差がないことがわかる。また、カイ二乗検定の結果も有意ではないため、社会的背景については、偏った追跡とはなっていないことが示唆されよう。

2　追跡者の特徴：学校適応

　ここでは、追跡者の小3時の学校適応について分析する。変数には、「学校は楽しい」、「学校に行くのがいやになる」、「授業中、教室を抜け出したことがある」、「決まった友達グループがクラス内にある」、「友達と好きな人の話をする」、「同級生に好かれている」、「先生に好かれている」の7項目を用いる。

　分析結果を確認すると、全ての変数において大きな差異はない。また、カイ二乗検定の結果も有意ではなく、学校適応はJELS調査における追跡可否にはほとんど関係しないことといえる。

44   第Ⅰ部　これまでの研究の概要とデータの紹介

表 2-5　追跡者と非追跡者の性別と出身社会階層

		関東エリア			東北エリア			
		追跡者	脱落者	差	追跡者	脱落者	差	
性別	女子	50.7	46.2	4.5	44.2	55.8	-11.7	***
	男子	49.3	53.8	-4.5	55.8	44.2	11.7	
お父さんは大学を出ている		27.2	27.6	-0.3	23.6	25.3	-1.7	
お母さんは大学を出ている		24.5	25.6	-1.1	21.4	20.2	1.2	
本（マンガ以外）がたくさんある		60.9	60.8	0.1	62.2	58.6	3.5	
自分ひとりの勉強部屋を持っている		36.2	35.1	1.1	40.4	39.4	1.0	
ほぼ毎日「勉強しなさい」と言われる		41.4	43.9	-2.5	48.9	47.4	1.5	
1か月間に両親に勉強をみてもらった		52.9	55.0	-2.0	51.9	52.3	-0.4	
博物館等につれていってもらった		60.5	59.2	1.3	49.3	48.2	1.1	

注)+p<.10 *p<.05 **p<.01 ***p<.00
(JELS)

3　追跡者の特徴：算数通過率

　それでは、追跡者の学力はどのような傾向にあるかを分析しよう。なお、ここでの分析では、算数通過率は、標準化していない通過率を用いる。

　まず関東エリアの結果であるが、追跡者と脱落者間における差は、算数通過率は3.8ポイントである。またt検定の結果は1％水準で有意であり、追跡者の方が高学力な傾向を示している。

　一方で東北エリアは、追跡者と脱落者間における差は、算数通過率は−1.0ポイントである。t検定の結果も統計的に有意ではないため、Cエリアについては、学力的にほとんど偏った脱落傾向ではないことが示唆される。

7　JELS データの脱落傾向

　以上より、本書で用いるJELSデータの脱落傾向は次のように整理できる。

　1) 関東エリア追跡者の特徴
　①性別：追跡サンプルに有意な差はない。
　②児童生徒の家庭背景：統計的に有意な差はない。
　③学校適応：統計的に有意な差はない。
　④学力：やや高い学力層を追跡している傾向にある。

表2-6 追跡者と非追跡者の学校適応

		関東エリア			東北エリア		
		追跡者	脱落者	差	追跡者	脱落者	差
学校は楽しい	とてもあてはまる	46.7	47.2	-0.5	52.1	56.0	-3.9
	まああてはまる	38.4	38.0	0.5	36.3	32.9	3.4
	あまりあてはまらない	9.7	9.8	-0.2	9.4	8.1	1.3
	ぜんぜんあてはまらない	5.2	4.9	0.3	2.2	2.9	-0.8
学校に行くのが	とてもあてはまる	11.1	9.6	1.5	9.1	9.0	0.1
いやになる	まああてはまる	19.3	23.0	-3.7	21.3	20.6	0.7
	あまりあてはまらない	24.4	26.4	-2.0	25.7	21.1	4.7
	ぜんぜんあてはまらない	45.3	41.0	4.3	43.9	49.4	-5.4
授業中、教室を抜け	とてもあてはまる	7.9	9.3	-1.3	10.1	10.4	-0.4
出したことがある	まああてはまる	3.5	5.4	-1.9	5.1	3.6	1.6
	あまりあてはまらない	6.0	7.0	-1.0	6.4	4.1	2.3
	ぜんぜんあてはまらない	82.5	78.3	4.3	78.4	81.9	-3.5
決まった友達グループ	とてもあてはまる	42.0	36.8	5.2	41.5	37.3	4.3
がクラス内にある	まああてはまる	28.0	28.8	-0.8	27.9	26.0	1.9
	あまりあてはまらない	18.4	19.5	-1.1	17.6	19.7	-2.1
	ぜんぜんあてはまらない	11.5	14.8	-3.3	13.0	17.1	-4.0
友達と好きな人の話を	とてもあてはまる	22.2	24.2	-2.0	25.6	24.7	0.8
する	まああてはまる	19.9	19.6	0.3	17.4	17.9	-0.5
	あまりあてはまらない	20.7	20.6	0.2	21.5	25.3	-3.8
	ぜんぜんあてはまらない	37.2	35.7	1.5	35.6	32.1	3.4
同級生に好かれている	とてもあてはまる	16.4	18.7	-2.3	12.6	13.1	-0.5
	まああてはまる	25.5	26.4	-0.9	31.0	30.1	0.9
	あまりあてはまらない	27.0	26.0	1.0	31.2	26.4	4.8
	ぜんぜんあてはまらない	31.2	29.0	2.3	25.2	30.4	-5.2
先生に好かれている	とてもあてはまる	13.8	12.9	0.9	17.5	17.0	0.5
	まああてはまる	26.0	30.3	-4.3	32.6	31.4	1.3
	あまりあてはまらない	27.1	27.3	-0.2	27.6	27.8	-0.3
	ぜんぜんあてはまらない	33.1	29.5	3.6	22.3	23.8	-1.5

(JELS)

46   第 I 部　これまでの研究の概要とデータの紹介

表 2-7　追跡サンプルと脱落サンプルの算数通過率の平均値

| | 関東エリア | | | 東北エリア | | |
	追跡者	脱落者	差	追跡者	脱落者	差
小学3年時	72.1	68.3	3.8 **	68.9	70.0	-1.0
算数通過率	(17.2)	(20.8)		(15.8)	(16.9)	

注1）カッコ内は標準偏差

注2)+p<.10 *p<.05 **p<.01 ***p<.001 (JELS)

2) 東北エリア追跡者の特徴

①性別：女子の脱落サンプルが大きく、統計的にも有意である。

②児童生徒の家庭背景：統計的に有意な差はない。

③学校適応：統計的に有意な差はない。

④学力：ほとんど偏りのない児童生徒を追跡できている。

　これらの両エリアを通じた整理からわかることは、JELSデータについてはサンプル脱落が次のような傾向をもつことである。

　第一に、出身社会階層についての偏りはほとんどないということである。前述のように、小学3年生が把握している範囲の社会階層であることには注意を払う必要がある。しかし、父親と母親の学歴を含んで準備した7変数全てにおいて追跡者と脱落者との間に統計的に有意な差が見られなかったということは、特定の家庭背景出身者が脱落しているわけではないことがわかる。

　第二に、JELSのパネル調査は学校での集団自記式での実施であるが、学校適応とサンプル脱落にはほとんど関係がないということである。教室での集合自記式調査は、特定の属性のみが回答することによって生じるバイアスを軽減できることが指摘されているが(木村2009)、本書のデータも教室での集合自記式調査による実施だったため、そうしたバイアスを小さくすることができたことが考えられる。

　第三に、性別の偏りである。とりわけ東北エリアでの女子の脱落サンプルが大きい。この理由を明らかにすることが難しい。関東エリアでは同様の傾向が見られなかったことから考えれば、性別に関する脱落サンプルについて明確な傾向は見出せないのかもしれない。

第2章　データの概要　　47

　第四に、学力については、関東エリアにおいては追跡サンプルの学力が高いということが確認できた。関東エリアでは小学校6年生時点で約10%が中学受験を希望しているため、中学受験した児童が脱落していることが見込まれる。そのため、学力が低い層が追跡可能だと予想されるが、本書のデータではそうなってはいない[2]。

　JELSでは、本章での分析を通じて得られたデータの傾向を踏まえながら分析を展開していく必要がある。脱落サンプルの性別と学力に関する歪みは決して無視できることではない。しかし、追跡者の出身社会階層や学校適応に関しては大きな偏りは見られなかった。この点においては、集団自記式でのパネル調査の有用性が確認されたといえよう[3]。

　以上のようなデータの限界はあるものの、このように6年間で3時点にわたり追跡的に実施された学力調査は他に例がなく、日本の教育選抜研究について新しい知見が得られることが期待できる。

注

1　調査の目的や設計については、耳塚(2004)から抜粋した。また、JELSの詳細や成果報告書(お茶の水女子大学　2004 ～ 2015)については下記のURLを参照されたい。
　　http://www.li.ocha.ac.jp/hss/edusci/mimizuka/JELS_HP/Welcome.html

2　表2-8に見られるように、統計的には有意差は見られないものの、小学6年時の関東エリアでは脱落サンプルの方がやや算数通過率が高い。

表2-8　小学6年時の算数通過率の平均値

| | 関東エリア | | 東北エリア | |
	追跡サンプル (N=580)	脱落サンプル (N=339)	追跡サンプル (N=505)	脱落サンプル (N=137)
平均値	46.6	49.0	47.0	45.5
標準偏差	20.6	24.9	16.9	20.9

(JELS)

48　第Ⅰ部　これまでの研究の概要とデータの紹介

3　本章での脱落サンプルの分析は、小学3年生に尋ねた親学歴を用いた。しかし、前述のように、本書で用いる児童生徒の出身社会階層の指標には、中学3年時の生徒質問紙調査から得られた父母学歴の変数を用いる。そのため、下の表に見られるように小3時と中3時の親学歴の回答には小さくないズレが見られる。これは、小学生に親の学歴を尋ねる場合には回答の信頼性が低いことが想定される(耳塚　2007)。むろん、こうしたズレは看過されるべきではないが、これについては本データの限界として了承されたい。

表2-9　学年別に見た子どもの親学歴の認識

		小3時回答 父学歴					小3時回答 母学歴	
		大卒	非大卒				大卒	非大卒
中3時回答	大卒	73.0	33.6	中3時回答	母学歴	大卒	53.6	29.0
父学歴	非大卒	27.0	66.4			非大卒	46.4	71.0
	合計	100.0	100.0			合計	100.0	100.0
	N	263	717			N	235	755

(JELS)

第II部
教育達成の不平等はどのように生まれ、変化するのか？

50 第Ⅱ部 教育達成の不平等はどのように生まれ、変化するのか？

第3章 学力の不平等はいつ発生し、どのように変化するのか

---

1 本章の目的

　本章では、学力の変化についての基礎的な分析を行う。ここまでに整理した通り、従来の日本の学力研究の成果は、個人の学力形成メカニズムを一時点で分析したことに留まり、一度観測された学力格差がその後どのように変化するのかを把握することが難しかった。本章では、学齢期にある児童生徒を対象として実施された学力パネルデータを用いて、①初期に獲得した学力がその後どのように変化するのかを把握し、②そうした学力の変化は、児童生徒の出身社会階層ごとにはどのように異なるのかを明らかにする。

　まず、海外の代表的な研究として Heckman (2006) による知見を紹介しよう。**図3-1** は、Heckman (2006) が、PIAT (Peabody Individual Achievement Test) のデータを用いて、算数スコアの変化を子どもの親の家計年収別に分析したものである[1]。この図が示すのは、①家計年収による子どもの学力格差は6歳（小学校入学時）というかなり早期の段階から形成されており、②学力格差が加齢とともに広がっていく、という2点である。こうした知見を踏まえて、Heckman (2006) は、学校教育の「効果」に対して懐疑的な視点を向けている。

　ところが、日本では、学力の変化の推移が実証的に示されてこなかったため、学校教育に過剰な期待が注がれているのかもしれない。例えば、阿部 (2008, p.172) は、日本の教育達成に対する「貧困の不利」を指摘し、義務教育レベルにおいて、「貧困の不利」ができるだけ表面化しないようにするべきだと主張する。また、教育は義務教育段階での学業達成の社会的格差拡大をできるだけ抑制し、社会的セーフティネットとしての役割を担うことが期待

されている(苅谷2003)。こうした学校教育、とりわけ義務教育段階の学校教育に向けて期待される役割を鑑みれば、まずは学齢児童生徒の学力格差の実態を把握しておくことが求められるだろう。

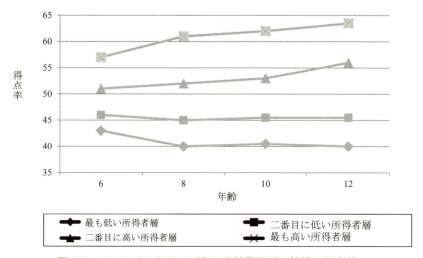

図3-1 アメリカにおける所得四分位階級別の算数の得点差
出所 Heckman (2006)

2 算数・数学通過率の分布の確認

まずは、本書で用いる学力データの基礎的な分布を棒グラフで確認する。

図3-2〜図3-4は、通過率を10ずつに区切って各カテゴリーの該当者の％の分布を示した棒グラフである。図3-2は小3の通過率の分布であり、その形はやや正規分布に近く、通過率40〜50未満のカテゴリーに属する児童が最も多い。次に、小6の通過率の分布を示した図3-3を見ると、小3時(図3-2)と同様に、やや正規分布に近く通過率40〜50未満のカテゴリーに属する児童が最も多い。しかし、中3(図3-4)になると通過率50〜60未満のカテゴリーに属する生徒が最も多くなり棒グラフの形もやや右寄りの分布となっている。

それでは、こういった分布の通過率は各時点間ではどのような関連であるのかを、散布図と相関係数によって確認しよう。

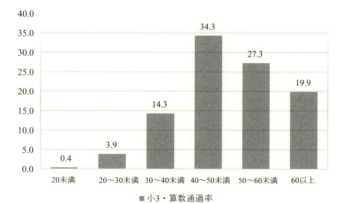

図 3-2 小 3・算数通過率の分布（数値は％）

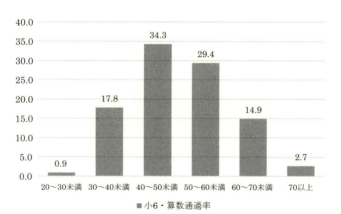

図 3-3 小 6・算数通過率の分布（数値は％）

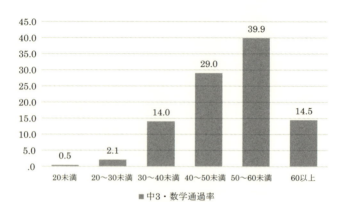

図 3-4 中 3・数学通過率の分布（数値は％）

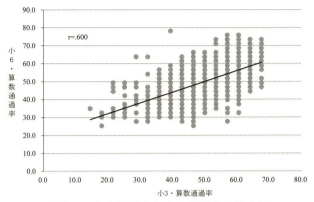

図 3-5 小3通過率と小6通過率の散布図

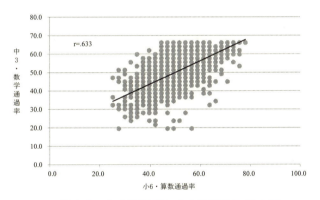

図 3-6 小6通過率と中3通過率の散布図

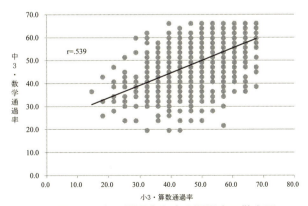

図 3-7 小3通過率と中3通過率の散布図

54　第Ⅱ部　教育達成の不平等はどのように生まれ、変化するのか？

　図3-5 ～図3-7は、3時点ある通過率を2時点ずつの散布図である。これら
の散布図を見る限り、3時点の通過率の間には強い正の相関があることが示
唆される。これらの散布図について、図3-5から図3-7に記載している相関係
数も確認しよう。小3と小6の通過率の相関係数は.600、小3と中3の通過率
の相関係数は.539、小6と中3の通過率の相関係数は.633となっており、当
然ながら、学年が近い通過率間の相関係数が高い。とはいえ、小3と中3の
通過率の相関もかなり強い (r=.539)。

　以上の結果が示すのは、一度獲得した学力は次の時点の学力に持ち越され、
しかもかなり持続性を持つということである。

3　社会階層別に見た算数・数学通過率の分布

　ここでは、学力データの基礎的な分布を親学歴別に確認する。

　小学3年時の親学歴別の通過率を図3-8に棒グラフとしてまとめている。
分布の形については、両親非大卒は正規分布に近いが、父母どちらか大卒で
はやや右寄り、両親大卒ではかなり右寄りになっている。

　次に、小学6年時の親学歴別の通過率を示した図3-9を見てみよう。3つ
の親学歴カテゴリーのいずれもやや正規分布に近い。しかし、両親非大卒と
父母どちらか大卒では、通過率40 ～ 50未満のカテゴリーが最もボリューム
層となっているものの、両親大卒では通過率50 ～ 60未満のカテゴリーに該
当する児童が最も多い。

　さらに、中学3年時の親学歴別の通過率を棒グラフに示した図3-10を見る
と、すべての親学歴カテゴリーでやや正規分布だといえそうである。しかし、
両親非大卒と父母どちらか大卒では、通過率40 ～ 50未満と50 ～ 60未満の
カテゴリー該当者が多いが、両親大卒では通過率50 ～ 60未満と60以上に該
当する生徒が多くなっている。

　つまり、どの学年段階においても、出身社会階層が高い児童生徒の通過率
が高い方に分布しているということである。

第3章 学力の不平等はいつ発生し、どのように変化するのか　　55

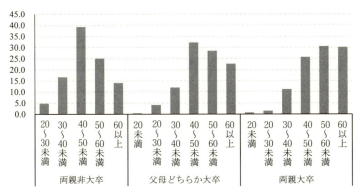

図 3-8　親学歴別、小 3・算数通過率の分布（数値は％）

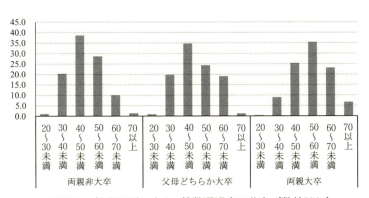

図 3-9　親学歴別、小 6・算数通過率の分布（数値は％）

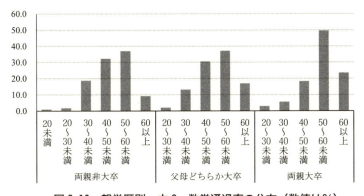

図 3-10　親学歴別、中 3・数学通過率の分布（数値は％）

56   第Ⅱ部　教育達成の不平等はどのように生まれ、変化するのか？

　それでは、各時点の通過率の相関関係を見てみよう。結果は**表3-1**にまとめた通りである。相関係数を確認すると、両親非大卒の小3と中3の相関係数 (r=.489) 以外は、すべて.500を超えている。基本的に一度獲得した学力は、どのような親学歴カテゴリーであっても次の時点の学力と強い相関関係にあるといえそうである。

表 3-1　親学歴別、算数・数学通過率の相関関数

	両親非大卒			父母どちらか大卒			両親大卒		
	小3	小6	中3	小3	小6	中3	小3	小6	中3
小3	—			—			—		
小6	0.581	—		0.614	—		0.538	—	
中3	0.489	0.571	—	0.537	0.661	—	0.512	0.608	—

すべて0.1％水準で統計的に有意
(JELS)

4　算数・数学の通過率はどのように変化するか

　それではここまでに見てきたような算数・数学通過率を各Waveで3群（高位、中位、低位）に分け、変化のパターンをより詳細に把握しよう。**表3-2**では、小3を基準として、小6、中3それぞれの通過率カテゴリーを組み合わせて通過率の移動表を作成した。

　表中には、特に％の数値が高いセルに網掛けをしている。表3-2に示した通り、％の数値が高いカテゴリーは通過率の変化パターンが、「高→高→高」と「低→低→低」である。また、小3で低位だった児童生徒が中3で高位になるパターン（低→低→高、低→中→高、低→高→高）の数値を確認すると、全体の4.42％ (1.01+1.94+1.47) のみしかいない。この結果が示すのは、初期（小3）の通過率がその後の通過率にも影響しやすく、変化はそれほど流動的ではないということである。

　こうした通過率のパターンが親学歴によって異なるのかを分析しよう。**表3-3**は、通過率の変化パターンを、親学歴別に分析して示したものである[2]。親学歴間の数値の差が大きいカテゴリーに網掛けをしているが、特に数値の差が大きいのは、「高→高→高」と「低→低→低」である。つまり、両親大卒の児童生徒ほど「高→高→高」になりやすく、両親非大卒の児童生徒ほど「低

第3章　学力の不平等はいつ発生し、どのように変化するのか　　57

「→低→低」になりやすいということである。

　最後に、通過率の上位を維持している児童生徒の割合が親学歴別にどのように変化するのかを確認するために折れ線グラフにしたのが**図3-11**である。この図が示す通り、小3時点ですでに存在する学力格差は、両親大卒と両親非大卒の児童生徒では小6にかけて拡大し、中3にかけては天井効果／フロア効果でほぼ固定される。一方で、父母どちらか大卒では、学力上位を維持する児童生徒が徐々に減少している。つまり、学年の上昇とともに拡大する傾向があるということである[3]。

　以上の分析から、①通過率は変化しにくく非流動的であり、小3で獲得した通過率が大きな影響を持つこと、②そうした非流動的な通過率の変化は、親学歴によって差があるという傾向を把握することができた。③加えて、そうした学力格差は学年の上昇とともに拡大していく傾向も確認できた。

表3-2　通過率の変化パターン

小3	小6	中3	％	N
高	高	高	13.82	150
		中	5.07	55
		低	0.74	8
	中	高	3.87	42
		中	4.88	53
		低	2.12	23
	低	高	0.55	6
		中	1.84	20
		低	1.01	11
中	高	高	3.32	36
		中	2.86	31
		低	0.83	9
	中	高	3.41	37
		中	6.73	73
		低	2.12	23
	低	高	0.65	7
		中	2.76	30
		低	3.32	36
低	高	高	1.47	16
		中	1.29	14
		低	0.83	9
	中	高	1.94	21
		中	5.99	65
		低	4.52	49
	低	高	1.01	11
		中	5.35	58
		低	17.70	192
合計			100.0	1085

(JELS)

5　成長曲線モデルによる分析

　本章の最後の分析では、成長曲線モデル (Latent Growth Model) を用いた分析を行う。成長曲線モデルは、マルチレベルモデルの1つで、「階層的なデータ」を適切に分析するための手法である。階層的なデータとは、例えば、複

58　第Ⅱ部　教育達成の不平等はどのように生まれ、変化するのか？

表3-3　通過率の変化パターン

小3	小6	中3	両親大卒	父母どちらか大卒	両親非大卒
高	高	高	24.25	17.36	7.87
		中	5.60	5.79	4.47
		低	0.00	1.24	1.06
	中	高	5.22	4.13	2.77
		中	5.97	2.48	4.89
		低	1.49	2.89	2.13
	低	高	0.75	0.41	0.64
		中	1.49	3.31	1.70
		低	0.37	1.24	1.49
中	高	高	6.72	1.65	2.34
		中	4.48	4.55	1.28
		低	0.75	0.83	0.85
	中	高	4.10	3.72	2.98
		中	7.84	5.37	6.60
		低	2.61	2.48	1.49
	低	高	0.00	0.83	0.64
		中	2.24	2.48	2.77
		低	0.75	2.89	4.47
低	高	高	2.99	2.07	0.64
		中	1.87	0.83	1.06
		低	0.37	0.00	1.70
	中	高	1.49	0.83	2.77
		中	5.60	4.13	7.02
		低	2.24	3.31	6.81
	低	高	0.37	0.83	1.70
		中	2.61	5.79	7.23
		低	7.84	18.60	20.64
合計			100	100	100
N			268	242	470

(JELS)

　数の国や学校といったグループごとのサンプリングしたデータ (Clustered Data)、同じ子どもの身長を追跡的に測定したデータ (Longitudinal Data) などのように、階層的なまとまりの構造をもっているデータを指す。本章で分析するのは、「同じ児童生徒の学力を追跡的に測定したデータ」(＝Longitudinal Data) ということになる。学力、学習時間などの時間とともに変化する変数を「レベル1」とし、性別や親の学歴のように時間とともに変化しない変数を「レベル2」に設定する。

　成長曲線モデルを用いるメリットは、観測変数の変化を集団レベルだけではなく個人レベルから分析できるという点にある。例えば、複数の学年を対

第3章　学力の不平等はいつ発生し、どのように変化するのか　　59

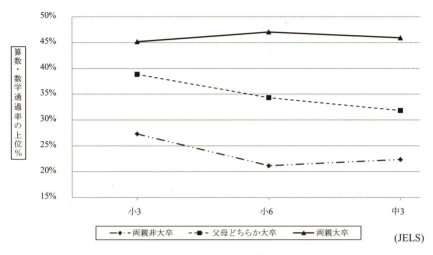

図3-11　親学歴別、通過率上位層の変化パターン

象とした学年横断的なクロスセクションデータを構築し、その分析結果を「変化」として捉えるという手法は、集団における変化の傾向は捉えることは可能であるが、児童生徒の個々の変化を把握することができない。成長曲線モデルを用いることで、学力の時系列に伴う切片や変化のパターンに個人差があるのかどうかを明らかにすることができるのである[4]。

　成長曲線モデルによる推定結果は、**表3-4**の通りである。分析結果を解釈していこう。レベル1の切片は、通過率変化の軌跡の初期値（本書では小3）の平均値を表す。また、レベル1の各係数は、初期値の差の平均値を表している。つまり、この分析結果が示すのは、通過率変化の軌跡の初期的平均値は約48点であり、親学歴によって初期値が父母どちらか大卒で約2.2ポイント、両親大卒で約4.3ポイントの差が存在しているということである。

　小6時点と中3時点の傾きの切片は、学年が1単位違った時の変化の平均値を表す。また、各変数の係数は、学年が1単位違った時の変化の差の平均値を表している。統計的に有意なのは、小6と中3時点での両親大卒ダミーである。この結果が示すのは、小6と中3の両方の時点において、両親非大卒に比べて両親大卒の児童生徒方が通過率が上昇するということである。

　成長曲線モデルの結果が示すのは、親学歴によって初期的な学力の不平等

60　第Ⅱ部　教育達成の不平等はどのように生まれ、変化するのか？

表3-4　成長曲線モデルによる算数・数学通過率の推定結果

固定効果	係数	標準誤差	有意確率
レベル1の切片			
切片	48.177	0.570	0.000 ***
親学歴（ref.両親非大卒）			
父母どちらか大卒	2.211	0.791	0.005 **
両親大卒	4.273	0.750	0.000 ***
学歴不明	-0.777	1.291	0.547
性別（ref.女子）			
男子	-0.514	0.597	0.389
調査エリア（ref.東北エリア）			
関東エリアダミー	1.115	0.614	0.070 +
小学6年生時点の傾き			
切片	0.864	0.530	0.104
親学歴（ref.両親非大卒）			
父母どちらか大卒	-0.218	0.694	0.754
両親大卒	2.128	0.696	0.002 **
学歴不明	-0.553	1.056	0.600
性別（ref.女子）			
男子	-0.034	0.539	0.950
調査エリア（ref.東北エリア）			
関東エリアダミー	-2.406	0.543	0.000 ***
中学3年生時点の傾き			
切片	0.765	0.604	0.205
親学歴（ref.両親非大卒）			
父母どちらか大卒	0.614	0.759	0.419
両親大卒	2.017	0.730	0.006 **
学歴不明	0.886	1.006	0.379
性別（ref.女子）			
男子	0.082	0.578	0.887
調査エリア（ref.東北エリア）			
関東エリアダミー	-2.812	0.593	0.000 ***

ランダム効果	分散成分	標準偏差	カイ二乗値 (d.f.=1079)
レベル1の切片, r_0	64.116	8.007	3232.711 ***
小学6年生時点の傾き, r_1	14.170	3.764	1316.537 ***
中学3年生時点の傾き, r_2	26.065	5.105	1517.142 ***
level-1, e	32.119	5.667	
N	1085		

注)+p<.10 *p<.05 **p<.01 ***p<.001
(JELS)

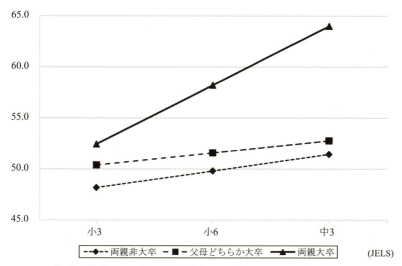

図 3-12 算数・数学通過率の変化（成長曲線モデルの推定値より算出）

が生じており、また学年の上昇とともに学力が変化するのは両親大卒の児童生徒のみだということである。この成長曲線モデルの推定値を図化して、分析結果を視覚的に把握しやすく示したのが図3-12である[5]。表3-4でも確認した通りであるが、両親が非大卒に比べると、父母いずれか、あるいは両親大卒の場合には切片（初期値）が高い。また、傾きについても両親が大卒であるほど、通過率の上昇がかなり大きいことがわかる。

6　知見の要約

　ここまで、学力パネルデータを用いて、①初期に獲得した学力はその後どのように変化するのか、②そうした学力の変化は、児童生徒の出身社会階層ごとにどのように異なるのか、の2点を分析してきた。以上の分析から得られた知見は以下のようにまとめることができる。

　第一に、学力は流動的に変化しにくいことを明らかにできた。初期に獲得した学力はその後の学力に影響しやすいため、初期に高い学力を獲得した児童生徒は高い学力を維持しやすく、反対に初期の学力が低い児童生徒は低い

学力に留まりやすいのである。

　第二に、こうした学力維持のパターンは、児童生徒の親学歴によって異なる。具体的には、両親が大卒の児童生徒は、両親非大卒の児童生徒に比べて、高い学力を維持しやすいのである。

　第三に、成長曲線モデルによってより詳細な分析を行った結果、学力の初期値（切片）の格差に対しては、まず親学歴による差異が大きいことが明らかになった。また、学力の変化（傾き）については、両親が大卒であることが統計的に有意であった。親の学歴が高いほど学力の上昇が見られるのは、おそらく高学歴な親の家庭における日々のはたらきかけが学力を伸ばすのかもしれない。

　以上の知見により、義務教育段階を通じた学力の変化の傾向をとらえることが可能となった。従来の日本の学力研究は、一時点の調査のみで得られたデータ分析によって得られた知見がほとんどで、学力格差の変化をとらえることが難しかった（苅谷・志水編 2004、耳塚 2007 など）。本章では学力のパネルデータを用いたことで、①初期に獲得した学力は非流動的で変化しにくく、②そこには社会階層間による違いがあることも明らかにされた。

　本書における今後の分析は、本章の分析結果、すなわち学力格差は早期に形成され、その後も拡大していくということを踏まえつつ展開していくことになる。

注

1　PIAT は、NLSY79 (National Longitudinal Survey of Youth) におけるアセスメント調査の一部である。幼稚園児から高校生までの「学力」（数学や読解力など）の個人内の成長プロセスを親子データとマッチングさせてとらえる所に調査設計の特徴がある（参考 URL：https://www.nlsinfo.org/content/cohorts/nlsy79-children/topical-guide/assessments、2016 年 8 月 24 日取得）。

2　小 3 の算数通過率（3 群）について、親学歴別の結果を表 3-5 に示す。結果は、概ね親が高学歴であるほど小 3 の算数通過率が高いことを示唆している。必要に応じて参照されたい。

第3章 学力の不平等はいつ発生し、どのように変化するのか　63

表3-5　親学歴と小学3年時の算数通過率の関連

		両親非大卒	父母どちらか大卒	両親大卒
小3の算数通過率	下位層	49.2	36.4	25.4
	中位層	23.5	24.8	29.5
	上位層	27.3	38.8	45.1
	合計	100.0	100.0	100.0
	N	502	242	268

(JELS)

3　図3-11の結果は、Heckman (2006) が示した知見と類似しているものの、本章では子どもの家庭背景を親学歴で分析しているが、Heckmanは親の収入で分析している。このような可変変数と不変変数の違いがあることには注意を払う必要があるだろう。

4　成長曲線モデルを実行するソフトウェアには、HLM ver.7 (Raudenbush et al. 2011) を用いた。なお、HLMを用いた成長曲線モデルの詳細は、Raudenbush and Bryk (2002)、Singer and Willett (2003 = 2012)、Luke (2004) などに詳しい。

5　成長曲線モデルの図化は、豊田 (2007) を参考に、「レベル1の切片」と、小6の傾きと中3の傾きの切片と親学歴の係数をから算出した。時点の変化は、小3＝0、小6＝1、中3＝2として計算している。図の推定値の推移は、両親非大卒を基準カテゴリーに設定した推定値の差である。

64 第Ⅱ部 教育達成の不平等はどのように生まれ、変化するのか？

第4章 教育達成の性差のメカニズムを探る

1 本章の目的

　学力の不平等の議論の多くは、出身社会階層によって行われる。しかし、性別による教育達成の不平等が存在することは第一章ですでに確認した通りである。ここでは、男女の教育格差について、特に文系・理系の分化について分析していこう。

　OECD (2015b) の『PISA in Focus 49』によれば、教育における男女格差の背景を次のようにまとめている。まず、読解力については、女子は男子より好成績である。しかし、状況を数学的に定式化したり、現象を科学的に解釈したりすることに関する出題については、成績優秀な女子であっても、男子より成績が劣る傾向にある。こうした男女の文系・理系科目に関するいくつかの差異は、高等教育段階になると大学の学部選択によってより顕在化する。本章の目的は、こうした教育の男女差研究について、パネルデータを用いて学力および理数系教科選好度がどのように形成されるのかを明らかにすることである。

2 先行研究のレヴューと本章の位置づけ

　本章では、学力の男女間格差と教科選好度の分化メカニズムを分析していく。そこで、ここでは本章の問題関心に関する先行研究をレヴューし、分析課題を設定する。

　まず、教科の選好度の分化を、学校文化への適応という文脈に位置づけれ

ば、「文化葛藤論」と「地位欲求不満論」による枠組みから説明することができる (耳塚 1980、竹内 1995、古田 2012 など)。

第一に、文化葛藤論の立場からすれば、児童生徒の出身社会階層の文化が学校的な文化(中間階級的文化)と適合するかどうかによって、青少年が向学校的志向・反学校的志向に分化していくと説明される。大多和 (2011) は、中学3年生を対象に国語と算数が好きかどうかの意識と出身社会階層の関連を分析し、高い出身階層の生徒ほど国語も算数も好きだと回答していることを明らかにしている。

第二に、地位欲求不満論の立場からは、児童生徒の学力ないし成績へ注目することになる。地位欲求不満論では、学校適応の分化を児童生徒が報酬分配上で占める地位の高低によって生じると説明する。よって反学校的な価値観は、学校内における地位、すなわち学力ないし成績が低いことによる欲求不満、反動形成の結果であるとする。前出の大多和 (2011) は、学校内での成績が良い生徒ほど、国語も算数も好きだと回答していることを明らかにしている。また、学力と選好度の関連に着目したレポートでは、ベネッセ教育総合研究所 (2013) による「小学生の計算力に関する実態調査 2013」がある。当該調査では、小学1年生から6年生までを調査したクロスセクションデータを用いて「算数が好き」という意識変化を分析している。その結果、①学年の向上とともに「算数が好き」の割合が低下すること、②計算の苦手な子ほど算数が嫌いになっていくことの2点を指摘している。この結果が指し示すのは、学年が上昇すると学習内容が難しくなるため、教科内容の理解についていけない(算数の成績が悪い)児童ほど、算数が好きでなくなるということを示唆しているといえよう。

加えて第三に、教科選好度は文理教科によって男女差があることが知られている (河野・藤田編 2014 など)。また、理数系の進路を選択する女子は、文系の女子や文系・理数系の男子に比べても出身社会階層が高いことも指摘されている (村松編 1996)。こうした研究を踏まえ、伊佐・知念 (2014) が社会階層、学力(成績)、性別の視点から示唆的な分析を行っている。伊佐・知念 (2014) は、①小学3年生から6年生、②中学1年生から3年生の同一集団を追跡した(個

人の追跡ではない）データを分析し、「女性が理系進路を選び取るためには、学力のみならず、理系科目への意欲と、その背後にある階層の影響、そして、業績主義的価値体系への接近という幾重にも折り重なったハードルを越えなければ」ならず、「多くの女性にとって、理系に進む道は、閉ざされている」(p.93) と結論づけている。

中学・高校時代の理数系教科の選好が、大学の学部選択に影響するという知見もある。村松ら(1996) は大学生を対象に調査し、中学・高校時代に理系教科が好き（得意）だったかを回顧的に回答してもらっている。当該データを分析した清原(1996) によれば、理系学部に在学する女子大生は、中学時代から高校時代にかけて一貫して数学が好きだったことが示されており、その数値は理系学部の男子大学生よりも高い。また、文系学部の女子大生は、中学時代から数学が嫌いであったか、あるいは中学から高校にかけて数学が嫌いになったという傾向があった。つまり、女性の理系学部への大学進学と教科選好度の関連については、①早期の段階で数学が好きであること、②その選好度を学年の上昇とともに低下させないこと、の2点が重要だということになる。

しかし以上の多くは、理数系教科選好度の男女差について一時点のデータ分析から明らかにした知見に留まる。また、前述のベネッセ教育総合研究所(2013) や伊佐・知念(2014) による知見も、学年横断的なクロスセクションデータであるため、個人内の変化をとらえきれてはいない。

これらデータ上の制約により、理数系教科の選好度のジェンダー差については、①早い時期から存在するのか、それとも学年が上昇していくうちに形成されるのか。②そこには、出身社会階層の影響は見られるのか。③また、学力の変化と選好度の変化の男女間格差は観測できるのか、といった点が明らかにされていない。こうした理数系教科選好度の「初期値」と「変化」のジェンダー差という観点から分析を展開していくためには、個人を追跡的に調査したパネルデータが必要となる。

そこで本章は、パネルデータを用いて、主に理数系教科の選好度についてのジェンダー差について分析を行う。そして得られた知見を踏まえ、今後の進路選択の男女間格差に関する研究についての展望を得ることを目的とする。

3 本章で用いる変数と手続き

　分析に用いる変数は、①教科選好度、②性別、③親学歴、④算数・数学通過率の4つに加え、統制変数として⑤調査地域の変数を準備した。

　教科選好度は、国語と算数・数学が好きであるという意識について4件法で回答してもらった結果を用いる[1]。アンケートには、「好きである」が1、「好きではない」が4として4件法で回答してもらっているため、ポジティブな回答（好きである）が高い数値になるように反転して分析に用いる。

　ただし、この意識について、小3時と小6・中3時で質問項目がやや異なる。具体的には、Wave1では「あなたは国語と算数がどれくらい好きですか。それぞれについて、あてはまる番号に○をつけてください」という質問項目に対して、「とてもすき」、「まあすき」、「あまりすきではない」、「ぜんぜんすきではない」から選択してもらった。小6および中3では、「あなたは以下の教科についてどう思いますか。あてはまる番号に○をつけてください」というリード文のサブクエッションで、「国語が好きだ」、「算数（数学）が好きだ」という質問項目を準備し、「そう思う」、「まあそう思う」、「あまりそう思わない」、「そう思わない」から選択してもらった。こうした違いは、調査Wave間で質問項目を変更したのではなく、小学3年生という低学年を対象としたアンケート調査であるため質問文を平易にしようとしたためである。こうした質問文の違いはあるが、教科選好度の変化をとらえるための質問項目として適当であると判断した。

　児童生徒の性別は、男子＝1、女子＝0とした男子ダミー変数を用いる。

　上記以外の使用変数は第2章で説明した通りであるが、それらの基礎集計は表4-1に示した[2]。Level1は時間とともに変化する変数、Level2は時間とともに変化しない（変化しにくい）変数を表している。

68　第Ⅱ部　教育達成の不平等はどのように生まれ、変化するのか？

表 4-1　使用変数の記述統計量

	N	Mean	S.D.	Min.	Max.
Level 1					
算数・数学の選好度	3159	2.90	0.97	1.00	4.00
算数・数学通過率	3159	50.20	9.90	14.58	78.11
調査Wave	3159	2.00	0.82	0.00	2.00
Level 2					
親学歴					
両親非大卒ダミー	1053	0.43	0.50	0.00	1.00
父母どちらか大卒ダミー	1053	0.22	0.42	0.00	1.00
両親大卒ダミー	1053	0.25	0.43	0.00	1.00
学歴不明ダミー	1053	0.09	0.29	0.00	1.00
男子ダミー	1053	0.52	0.50	0.00	1.00
関東エリアダミー	1053	0.54	0.50	0.00	1.00

(JELS)

4　算数・数学通過率の男女間格差

　本章では、算数・数学選好度の変化を分析していくわけだが、その前に、算数・数学通過率の男女間の不平等について確認しておこう。

　図4-1は、算数・数学通過率の平均値の男女別の推移を示したものである。平均値を記載すると、小3→小6→中3の順で、女子は50.3→50.2→50.1、男子は49.7→49.8→49.9となっており、男女間で平均値もその推移も差がほとんどないことがわかる。

　さらに、**図4-2**には、算数・数学通過率の平均値を男女別かつ親学歴別に示している。平均値の推移を記述すると、両親非大卒の女子では48.8→48.4→48.4、男子では48.0→48.1→47.7となっており、両親大卒の女子で53.6→55.1→54.0、男子で52.3→53.6→53.7となっている（数値は、小3→小6→中3の順）。時点によっては若干の男女差はあるが、算数・数学通過率の差は、男女差よりもはるかに親学歴による差の方が大きい。

　これらの平均値の男女間比較分析に加え、第3章の表3-5（成長曲線モデル）の結果でも性別のダミー変数は有意ではなかった。これらの分析結果が意味するのは、学力の初期値でもその変化についても男女間の不平等は、少なくとも本書の分析データにおいては存在しないということである。

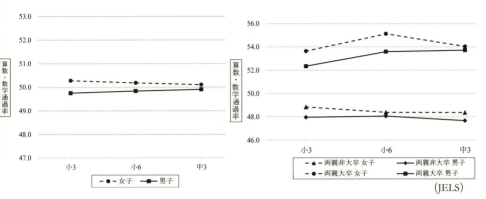

図4-1　男女別、算数・数学通過の変化（左）
図4-2　親学歴と男女別の算数・数学通過の変化（右）

5　国語および算数・数学選好度の変化の記述的分析

　ここでは、国語および算数・数学選好度の変化のパーセントの変化から記述していこう。**表4-2**は、国語と算数・数学の選好度が調査ウェーブごとにどのように変化しているのかを示したものである。

　まず国語について見てみると、「とても好き」と「まあ好き」を合わせた数値の推移は、69.3 (19.2 + 50.1) →63.1 (16.4 + 46.7) →59.5 (17.0 + 42.5) であり、ウェーブごとに約5ポイントずつ低下している。次に算数・数学について確認すると、79.4 (40.4 + 39.0) →64.5 (32.8 + 31.7) →56.3 (25.2 + 31.1) とウェーブごとに約10ポイントずつ低下しており、国語よりも変化の幅が大きいことがわかる。

　それでは、そうした変化の性差を確認するために男女別に分析した結果が**図4-3**である。変化の推移を視覚的に把握しやすくするために図化した。図中の数値は、「とても好き」と「まあ好き」を合わせたものである。数値を記述すると、国語については、女子が76.6→71.2→68.9、男子が62.7→55.7→51.0と推移している。算数・数学は、女子が73.7→54.6→47.2、男子が84.5→73.7→64.6となっている。

　こうした記述的な分析結果からわかることは、第一に、国語と算数・数学では平均的な選好度について男子と女子が反転しているということである。

70 第Ⅱ部 教育達成の不平等はどのように生まれ、変化するのか？

具体的には、女子の方が国語が好きで、男子の方が算数・数学が好きだということを意味する。第二に、特に算数・数学選好度については、ウェーブを重ねるほど（学年が上昇するほど）男女差が広がっているということが把握できる。

表4-2　教科選好度の変化（%）

	国語の選好度			算数・数学の選好度		
	小3	小6	中3	小3	小6	中3
とても好き	19.2	16.4	17.0	40.4	32.8	25.2
まあ好き	50.1	46.7	42.5	39.0	31.7	31.1
あまり好きではない	24.1	28.8	31.5	16.3	25.8	28.9
全然好きではない	6.6	8.1	9.0	4.3	9.7	14.8
全体	100.0	100.0	100.0	100.0	100.0	100.0

(JELS)

6　成長曲線モデルによる算数・数学選好度の分析

それでは、こうした算数・数学選好度の初期値とその変化はそれぞれどのような要因に規定されているのかを分析しよう。**表4-3**は、HLM ver.7 (Raudenbush et al. 2011) を用いて算出された成長曲線モデルの結果である。

まずはModel1について、説明変数の効果を1つずつ確認しよう。切片（初期値）に対して統計的に有意なのは、男子ダミーと両親大卒ダミーである。この結果は、算数・数学選好度の初期値は、女子に比べて男子の方が高く (p<.001)、両親非大卒に比して両親大卒の方が高い (p<.05) ということを示している。また、傾きについて統計的に有意な変数は、両親非大卒を基準とした父母いずれか大卒ダミーと両親大卒ダミーであり、それぞれ10%水準で正に有意傾向であるため、出身社会階層が高い児童生徒ほど、算数・数学選好度が上昇する傾向があることがわかる。関東エリアダミーも有意であるため、東北エリアの児童生徒に比して、関東エリアの児童生徒の方が算数・数学選好度が高くなりやすいということである。

加えて注目すべきは、「学年の傾き」の切片がマイナスに有意なことである。これは「平均的な傾きの切片が0ではない」ということを示しており、学年の

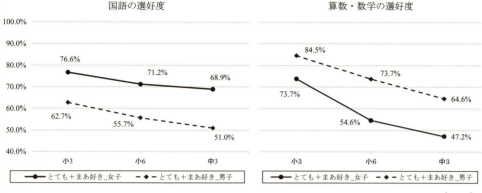

図4-3 教科選好度の男女別の変化（該当％の変化）　　　（JELS）

上昇が独立して選好度を低下させていることを意味している。

　次に、算数・数学通過率を投入したModel2を確認しよう。このモデルの関心は、算数・数学選好度の変化について、①算数数学・通過率をコントロールしても、切片に対する男子ダミーの有意な効果が維持されるのか、②算数数学・通過率との共変関係は男女別にどのように異なるのかを分析するという2点である。

　Model2の結果について記述していくと、算数・数学選好度と算数数学・通過率には0.1％水準で関連がある。つまり、算数・数学の学力が高いほど、算数・数学が好きだということである。加えて、学年の傾きの切片を合わせて確認すると、学年が上がるほど、こうした関連が強くなる傾向にあることがわかる。

　次に、不変変数の結果を確認しよう。切片について有意なのは、男子ダミーのみである。この結果は、算数数学・通過率をコントロールしても、教科選好度の切片に性差があることを示している。また、Model1では5％水準で有意だった両親大卒ダミーの効果が有意ではなくなっている。これは、出身社会階層が高い児童生徒ほど通過率が高いため、教科選好度に対して通過率を媒介した効果が表れたのかもしれない。傾きについてもModel1では親学歴が有意傾向だったが、Model2では有意傾向が変化しており、これも通過率を媒介した効果だったことが示唆される。

表4-3　算数・数学選好度の成長曲線モデル

固定効果	Model 1			Model 2		
	係数	標準誤差	有意確率	係数	標準誤差	有意確率
レベル1の切片						
切片	2.924	0.052	0.000 ***	1.692	0.099	0.000 ***
性別（ref.女子）						
男子	0.332	0.050	0.000 ***	0.349	0.048	0.000 ***
親学歴（ref.両親非大卒）						
父母どちらか大卒	-0.008	0.065	0.898	-0.058	0.064	0.359
両親大卒	0.128	0.061	0.037 *	0.013	0.060	0.829
親学歴不明	0.080	0.090	0.376	0.109	0.086	0.205
エリアダミー（ref.東北エリア）						
関東エリア	0.022	0.050	0.656	0.000	0.049	0.992
学年の傾き						
切片	-0.354	0.037	0.000 ***	-0.363	0.036	0.000 ***
性別（ref.女子）						
男子	0.038	0.037	0.296	0.037	0.036	0.310
親学歴（ref.両親非大卒）						
父母どちらか大卒	0.086	0.048	0.075 +	0.079	0.048	0.098 +
両親大卒	0.087	0.046	0.056 +	0.062	0.046	0.175
親学歴不明	0.033	0.066	0.613	0.025	0.064	0.702
エリアダミー（ref.東北エリア）						
関東エリア	0.083	0.037	0.025 *	0.120	0.037	0.001 **
算数・数学通過率の傾き						
切片				0.025	0.002	0.000 ***

ランダム効果	分散成分	標準偏差	カイ二乗値 (d.f.=1047)	分散成分	標準偏差	カイ二乗値 (d.f.=1047)
レベル1の切片, r_0	0.161	0.402	1399.790 ***	0.122	0.350	1310.838 ***
学年の傾き, r_1	0.060	0.246	1266.650 ***	0.047	0.218	1217.760 ***
level-1, e	0.575	0.758		0.581	0.762	
N	1053			1053		

（注）+$p<.10$ *$p<.05$ **$p<.01$ ***$p<.001$
(JELS)

以上の分析が示唆するのは、算数・数学選好度は、①小3時点（観測開始時点）ですでに男女差があり、②男女ともに、学年の上昇に応じて低下しながら、③選好度の性差はその後にほとんど変化しない、という3点である。

最後に、性別と学力の交互作用効果について**図4-4**に示した[3]。この図の結果は、算数・数学選好度と学力の共変関係の推移を男女別に示したものである。実線が男子で、点線が女子を表す。この図から確認できるように、選好度の低下は「女子・学力上位層」と「男子・学力下位層」がほとんど同じである。つまり、この図が示唆するのは、算数・数学選好度は、学力（算数・数学通過率）の高低とは独立して、性別による差が存在するということである。

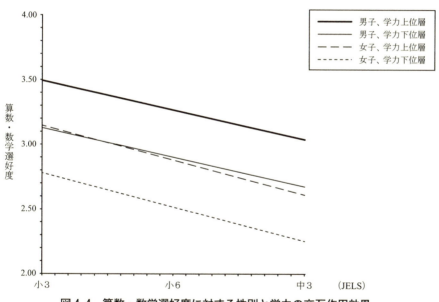

図4-4　算数・数学選好度に対する性別と学力の交互作用効果

7　まとめ：教育達成の性差のメカニズム

本章では、学齢児童生徒を対象としたパネルデータを用いて、主に理数系教科の選好度の男女間分化の様相を分析してきた。これまでの分析から得られた知見は以下のように整理することができよう。

第一に、記述的な分析の結果からは、女子の方が国語選好度が高く、男子の方が算数・数学の選好度が高いことが把握できた。そしてこれらの傾向は、学年が上昇するほど男女差が広がるということが明らかになった。

第二に、算数・数学選好度の変化を成長曲線モデルによって分析した結果、算数・数学選好度の切片について、性別と親学歴は有意な効果が確認された。この結果は、算数・数学選好度の初期値は、女子に比べて男子の方が高く、両親非大卒に比して両親大卒の方が高いということである。

第三に、算数・数学選好度の傾きについては、親学歴が有意であり、出身社会階層が高い児童生徒ほど、算数・数学選好度が上昇する傾向があることがわかる。しかし、算数・数学通過率をモデルに投入すると、算数・数学選好度の社会階層の効果はほとんど有意ではなくなる。このことは、出身社会階層が学力を媒介して、算数・数学選好度に影響しているということを示唆している。

第四に、算数・数学選好度に対する性別と学力の交互作用効果については、「女子・学力上位層」と「男子・学力下位層」がほぼ同様の推移であることが明らかになった。すなわち、児童生徒の理系科目が嫌いになっていくプロセスは、「学力の低い男子」と「学力の高い女子」がほとんど同じということである。男子に比して、女子の理数系教科の選好度が低いという現象は、単純に学力不振によるものではないことが示唆されよう。

本章では、教科選好度を学校適応の一側面として位置づけて文化葛藤論と地位欲求不満論を援用し（耳塚 1980、竹内 1995、古田 2012）、文理教科の分化には男女差があるという知見も踏まえつつ（河野・藤田編 2014、伊佐・知念 2014など）、性別、出身社会階層、学力の3要因に注目した分析を行った。その結果、理数系教科（算数・数学）の選好度は、初期値の段階において出身社会階層や学力をコントロールしても性別による差異があることが明らかになった。

それだけではない。本章では、パネルデータによって理数系教科（算数・数学）の選好度と学力の共変関係について、大きく男女差が存在することを明らかにした。伊佐・知念 (2014) は、女子の理数系への進路選択について、「学力のみならず、理数系科目への意欲と、その背後にある階層の影響、そして、

業績主義的価値体系への接近」といった「幾重にも折り重なったハードルを越える」(p.93) 必要があると指摘した。しかし、分析パートの図4-4で見たように、算数・数学選好度は「女子・学力上位層」と「男子・学力下位層」がほとんど同じであった。つまり、女子は高い業績(＝学力)を獲得していたとしても、学力低位な男子ほどしか算数・数学が好きではない、ということである。この結果は、理数系教科(算数・数学)の選好度の男女間差異を是正するための介入は、学齢期では難しいことを示しているのかもしれない。

注

1 分析は、算数・数学の選好度について展開していくが、国語選好度についても基礎的な分析を提示する。

2 使用する変数について、欠損値がないサンプルのみを対象として分析を展開している。

3 図4-4は、HLM ver.7 (Raudenbush et al. 2011) の「Graph Equation」機能を用いて作成した。HLMでは、操作の指定にもよるが、連続変数を25パーセンタイル(第1四分位)と75パーセンタイル(第3四分位)に区切って結果を示してくれる。よって、図中の「学力下位層」は算数・数学通過率の第1四分位を、「学力上位層」は第3四分位を示している。

第III部

教育における不平等はいかにして
克服が可能なのか？

第5章 学力の不平等は、努力によって克服できるのか？

1　本章の目的

　第Ⅱ部を通じて、学力の不平等がいかなる推移をたどるのかについて明らかにしてきた。ここでは、学力に対する学習時間の効果を検証することで、学力の不平等は児童生徒本人の努力によって克服することが可能であるかを検討していく。

　近代化にともない、「属性原理から業績原理へ」というように、人々の社会的地位の流動性が個人の教育達成によって高まることが望ましいとされてきた。こうした潮流は、教育社会学では、Young（1958 = 1982、p.112）が示したメリトクラシーの定式「I+E=M」（「能力＋努力＝業績」）という枠組みから実証研究が蓄積されてきた（例えば、Boudon 1973 = 1983など）。とりわけ、日本では教育達成に対する個人の努力ないし「頑張る」ことに重きが置かれているため（苅谷 1995、2000）、努力の指標には学習時間を用いて、学力と学習時間の関連が分析されてきた（金子 2004、耳塚・中西 2014など）。

　こうした努力をひたすらに強調する日本型メリトクラシー社会においては、「子どもの家庭背景による教育的不平等は、個人の努力によって克服できる」と信じられてきた（苅谷 1995、2000、2001、竹内 1995）。そして、日本型メリトクラシーにおける努力信仰は、学習時間の多さに比例して学力が上がることになっている。しかし、これまでに得られた知見は、一時点の調査によって収集されたクロスセクションデータの分析によるものであり、諸要因を統制した上で、学習時間と学力の正の相関関係を示すのみに留まっている。

　例外的なものとして、学力の個人内変化についての報告は、山崎（2013）や

中島（2012、2014）による分析がある。学力の変化とその要因を社会階層や学習時間などに注目して分析している点は示唆に富むレポートである。しかし、学力と学習時間の個人内における変数間の同時変化の分析を行っておらず、学習時間が増加するほど学力が上がるのかが明らかにされていない。

　また、もうひとつの課題としては、「観測不可能な個体特有の効果」を取り除いた推定というパネルデータの長所を活かした分析手法を用いていない。そのため、学習時間の多い児童生徒ほど学力を高めているという結果が得られているものの、十分に観測されていない個人の能力・性格などが学習時間に反映されており、それらが学習時間を通じて学力に影響を与えているかもしれない、という可能性が残されていることになる。そこで本章では、学力に対する学習時間の効果をパネルデータの分析から示していく。

2　本章で用いる変数と手続き

　本章では、再び第2章で紹介した3時点の学力パネルデータを用いて分析を展開していく。分析に用いる変数は、①算数・数学通過率、②親学歴、③学習時間、④性別、⑤調査地域の5つを準備し、学習時間は以下のように加工した。

　学習時間は、「あなたはふだん、次のことをどのくらいしますか」というリード文のサブクエッションで「家で勉強する」という質問項目に対する回答結果を用いている。数量化に際しては、ほとんどしない＝0、30分ぐらい＝30、1時間ぐらい＝60、1時間30分ぐらい＝90、2時間ぐらい＝120、2時間30分ぐらい＝150、3時間ぐらい＝180、3時間30分ぐらい＝210、4時間以上＝240（単位：分）とした。

　学習時間の記述統計量は**表5-1**に示した。この表を見ると、学習時間は高校受験が近づくなど勉強する必要性が高まることから、学年の上昇とともに増加していることがわかる。

80　第Ⅲ部　教育における不平等はいかにして克服が可能なのか？

表 5-1　学習時間の記述統計量

	Mean	S.D.	Min.	Max.
小3	48.55	46.52	0.00	240.00
小6	59.47	40.49	0.00	240.00
中3	100.20	63.27	0.00	240.00
全体	69.41	55.63	0.00	240.00

(JELS)

3　分析の方法 ——計量経済学における固定効果モデルおよびランダム効果モデル

　ここでは、パネルデータ分析でしばしば用いられる手法である計量経済学における固定効果モデル（Fixed Effect Model）およびランダム効果モデル（Random Effect Model）を用いた分析を展開していく。

　複数時点にわたるクロスセクションデータを統合し、通常の最小二乗法による回帰モデルはプールド回帰モデル（Pooled Regression Model）とされるが、固定効果モデルやランダム効果モデルを用いることで、プールド回帰モデルでは行うことができない「観測不可能な個体特有の効果」を取り除いた分析が可能となる。

　また、固定効果モデルとランダム効果モデルの違いは、①「観測不可能な個体特有の効果」をランダム変数とみなすかどうか、②「観測不可能な個体特有の効果」と独立変数との間に相関があることを許容するかどうか、③性別や親学歴など時間とともに変わらない変数を分析に含めることができるかどうか、である（村上 2011、p.326）。つまり、固定効果モデルによる推定は時間とともに変わらない独立変数が従属変数にどのように影響があるかを推定できず、性別や社会階層といった不変の属性要因に関心を向ける教育社会学者の関心を満足させるものではない。そのためランダム効果推定を用いて属性要因の効果（個人間差異）を推定するのだが、しばしば固定効果モデルとランダム効果モデルでは推定値に違いが生じる。

　こうしたモデル間の推定値の差を統計的に検討するためにモデル間比較を行うのだが、各モデル間比較のための手法を図5-1にまとめた。すなわち、①プールド回帰モデルと固定効果モデルの比較をF検定で、②プールド回帰

モデルとランダム効果モデルの比較をBreusch and Pagan検定で、③固定効果モデルとランダム効果モデルの比較をHausman検定によって行う。より具体的には、①F検定の結果が有意ならば固定効果モデルが採択され、②Breusch and Pagan検定の結果が有意ならばランダム効果モデルが採択され、③Hausman検定の結果が有意ならば固定効果モデルが採択されることになる。

以下の分析の結果、Hausman検定によって検定結果が有意ではないという結果が得られたとしよう。そうすれば、①「観測不可能な個体特有の効果」と独立変数との間にほとんど相関がないと仮定しても差し支えがなく、②固定効果モデルとランダム効果モデルでの係数にはほとんど差がないため、ほとんど同じ推定を行えている。③そうであれば、属性要因の個人間効果も考慮可能なランダム効果推定の方が優れた（研究関心に適した）分析手法ということになる（中澤 2012、p.30）。

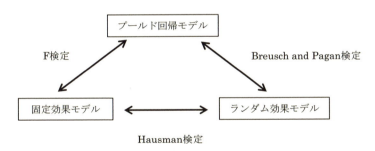

図5-1　モデル間比較検定のまとめ

つまり、Breusch and Pagan検定が有意となり、かつHausman検定が有意にならないという結果が得られれば、ランダム効果モデルが採択され、本章の関心である、①学力と学習時間の個人内変化と②社会階層による学力の個人間差異を示すことができるということになる[1]。

4　学習時間の効果推定

表5-2には、プールド回帰モデル、固定効果モデルおよびランダム効果モ

デルによる分析結果を示した。最初に**表5-2**の下部分に表記したモデル間比較の検定結果を確認しよう。まず、F検定とBreusch and Pagan検定が有意であるため、固定効果モデルとランダム効果モデルがプールド回帰モデルよりも適切なモデルであることがわかる。

次にHausman検定を確認すると、結果は有意ではないため、固定効果モデルとランダム効果モデルの推定値の間には統計的な有意差はない。よって、以下ではランダム効果モデルの結果を記述していく。

可変変数である学習時間の効果については、0.1%水準で有意であり、学習時間は通時的に通過率の相対的位置にプラスに有意な影響を与えている。具体的には、学習時間が1時間長いと、通過率の個人内偏差値を1.2（60分×0.019）上昇させるということを意味している。また、中3ダミーの符号条件がマイナスで有意であり、小3時に比して中3時（高校受験時）では相対的な通過率が下がったと解釈できる。

不変変数について確認すると、親学歴は統計的に有意である。両親非大卒の児童生徒との対比において、父母いずれか大卒、両親大卒で通過率に統計的に有意な差が存在しているということである。加えて、性別は有意ではなく、本章のデータでは通過率の男女間格差は統計的にはほとんどないといえよう。

以上の分析は、観測不可能な個体特有の効果を取り除いた上で結果である。すなわち、①学習時間が増加するほど通過率が上昇すること（個人内の変化）、②両親非大卒の児童生徒に比べて、親学歴が高い児童生徒ほど通過率が高い（個人間の差異）という結果が得られたのである。

5　学習時間の効果は出身社会階層別に異なるのか？

以上の分析結果より、学力に対する学習時間の効果の頑健性が明らかになった。この知見を踏まえて、ここでは学習時間が社会階層別に効果が異なるのかどうかを検証していく。

日本型メリトクラシーにおける「子どもの家庭背景による教育的不平等は、

表5-2 学習時間の効果の推定結果

	プールド回帰モデル			固定効果モデル			ランダム効果モデル		
	係数	標準誤差	有意確率	係数	標準誤差	有意確率	係数	標準誤差	有意確率
学年（ref.小3）									
小6	-0.254	0.416	0.541	-0.186	0.274	0.497	-0.207	0.274	0.450
中3	-1.203	0.450	0.008 **	-0.881	0.312	0.005 **	-0.980	0.307	0.001 **
学習時間	0.023	0.003	0.000 ***	0.017	0.003	0.000 ***	0.019	0.003	0.000 ***
性別（ref.女子）									
男子	-0.324	0.341	0.343			omitted	-0.356	0.498	0.475
両親学歴（ref.両親非大卒）									
父母いずれか大卒	2.322	0.442	0.000 ***			omitted	2.326	0.646	0.000 ***
両親大卒	5.409	0.433	0.000 ***			omitted	5.455	0.632	0.000 ***
学歴不明	-0.611	0.700	0.383			omitted	-0.621	1.024	0.544
調査エリア（ref.東北エリア）									
関東エリアダミー	-0.273	0.353	0.439			omitted	-0.338	0.512	0.509
定数	47.372	0.462	0.000 ***	49.172	0.240	0.000 ***	47.621	0.549	0.000 ***
R2: within	0.068			0.015			0.015		
between				0.023			0.088		
overall				0.018			0.068		
sigma_u				8.460			7.287		
sigma_e				6.349			6.349		
rho				0.640			0.568		
Number of obs	3255			3255			3255		
Number of groups				1085			1085		

F test	F(1084, 2167)	=	5.31
(Pooled vs. Fixed)	Prob.	=	0.000 ***
Breusch and Pagan test	chibar2(01)	=	1044.9
(Pooled vs. Random)	Prob.	=	0.000 ***
Hausman test	chi2(3)	=	3.23
(Fixed vs. Random)	Prob.	=	0.358

注）+p<.10 *p<.05 **p<.01 ***p<.001

(JELS)

84 第Ⅲ部 教育における不平等はいかにして克服が可能なのか？

個人の努力によって克服できる」は、学習時間の多さに比例して学力が上がることになっており、努力の効果が平等だと前提されていることになる。しかし、耳塚・中西 (2014) が示したように、学習時間による学力の不平等は自身の努力 (学習時間) で克服するのは難しいことが示された。これには、(1) 社会階層による初期的な不平等が大きいことに加え、(2) 社会階層によって学習時間の効果が異なる、という2段階のメカニズムが想定できる。第一の段階は家庭環境そのものが生み出す不平等であり、本書においてすでに明らかにしてきた通りである。そして、第二の段階は、個々人の実践が生み出す不平等である。

　Bourdieu and Passeron の一連の研究が示唆するように、児童生徒は、家庭において身につけてきた種々の傾向や予備知識の総体が異なっている。そのため、教育達成をとりまく種々の学習行動 (例えば、努力) は形式的に平等であるに過ぎない (Bourdieu and Passeron 1964 = 1997、1970 = 1991、Bourdieu 1979 = 1990)。これを踏まえるのならば、両親が非大卒の児童生徒に比べて両親大卒の児童生徒は、「効果的な学習」がより身体化されているために、学習時間の効果が親学歴別に異なり、その結果として、個々人の努力では学力の不平等は克服することができないことになる。そこで、ここでは努力の効果は平等であるかどうかを分析していく。より具体的にいえば、両親大卒と両親非大卒の児童生徒別に学習時間の推定値を算出し、それらを比較するということである。その結果、学習時間の効果が両親非大卒の児童生徒の方が高い、あるいは両親大卒と同程度であれば、学力の不平等は出身社会階層に起因するものであって、努力の効果は平等だということになる。

　なお、ここでの分析には、学習時間の変数を、ほとんどしない、1時間まで (30分ぐらい、1時間ぐらい)、2時間まで (1時間30分ぐらい、2時間ぐらい)、2時間半以上 (2時間30分ぐらい、3時間ぐらい、3時間30分ぐらい、4時間以上) の4つにカテゴライズしている[2]。

　親学歴別に学習時間の効果を分析した結果を表5-3にまとめた。数値は固定効果モデルのみを示している。まず両親非大卒の結果を見ると、1時間までの学習時間は通過率に対する効果が有意ではないが、それ以上に勉強すれば通過率が向上するということがわかる。次に、両親大卒の結果では、すべ

ての学習時間カテゴリーにおいて、通過率に対して統計的にプラスに有意である。つまり、両親大卒の児童生徒は短時間の学習でも学力に効果があるが、両親非大卒の児童生徒は比較的長い時間の学習をしないと努力が学力に変換されないことになる。

表5-3 親学歴別、学習時間の効果の推定結果（固定効果モデル）

	両親非大卒		両親大卒	
	係数	有意確率	係数	有意確率
学年（ref.小3）				
小6	-0.357	0.383	1.234	0.026 *
	(0.410)		(0.553)	
中3	-1.366	0.004 **	-0.132	0.836
	(0.478)		(0.640)	
学習時間（ref.ほとんどしない）				
1時間まで	0.982	0.160	2.892	0.008 **
	(0.698)		(1.094)	
2時間まで	2.080	0.009 **	3.828	0.002 **
	(0.793)		(1.202)	
2時間半以上	3.982	0.000 ***	5.711	0.000 ***
	(0.925)		(1.326)	
定数	47.310	0.000 ***	50.021	0.000 ***
	(0.634)		(1.033)	
within	0.022		0.046	
R2: between	0.030		0.011	
overall	0.024		0.021	
sigma_u	7.919		8.015	
sigma_e	6.420		6.350	
rho	0.603		0.614	
Number of obs	1506		804	
Number of groups	502		268	

注1)+p<.10 *p<.05 **p<.01 ***p<.001
注2)カッコ内は標準誤差
(JELS)

　また、学年のダミー変数を見ると、中3ダミーがマイナスで有意なのは両親非大卒の児童生徒のみである。つまり、学年の上昇とともに通過率が低下するのは比較的に低い社会階層の児童生徒に限られるということである。

　それでは、モデル間で学習時間の効果を比較しよう。まず、2時間までの学習時間では、両親非大卒では2.080に留まるものの両親大卒では3.828となっている。また、2時間半以上の学習時間でも両親非大卒では3.982に過ぎないが、両親大卒では5.711である。これらの数値の差からは、両親大卒の児童生徒に比べると、両親非大卒の児童生徒は、学力の獲得に対して「効果的な学習」が相対的に身体化されていないことが示唆されよう。

6 知見の要約

ここまで、学力パネルデータを用いて、①初期に獲得した学力はその後どのように変化するのか、②そうした学力の変化は、児童生徒の出身社会階層ごとにどのように異なるのか、③個人の努力が学力格差に対して効果的かどうか、の3点を分析してきた。以上の分析から得られた知見は以下のようにまとめることができる。

第一に、固定効果モデルおよびランダム効果モデルを用いて、学力に対する個人の努力（学習時間）と親学歴について、観測不可能な個体特有の効果を取り除いた影響を示すことができた。従来の研究（金子 2004、耳塚・中西 2014など）では、児童生徒個人の能力や性格といった観測不可能な個体特有の効果を取り除いた推定を行っていないため、個人の能力や性格が学習時間を通じて学力に影響を与えているかもしれない、という可能性が残されてきた。本章ではパネルデータの分析から、学力に対する努力の独立したポジティブな効果を確認できた。これにより、児童生徒自身の努力が学力に対してロバスト（頑健）な効果を持つことが明らかになった。

第二に、親学歴別の学習時間の効果分析の結果、日本の学力獲得の不平等の実態は、相対的に低い出身社会階層の児童生徒の学習時間の効果は、高い社会階層の児童生徒に比べて低い効果に留まるということが明らかになった。

こうした分析結果が示すのは、教育達成に際して努力を強調する日本型メリトクラシーは神話に過ぎないばかりか、個人の努力を強調することによって学力の不平等を個人的な責任へと転嫁しているという問題を孕んでいることである。

注

1 本章のパネルデータ分析には、Stata ver. 14を用いた。なお、パネルデータ分析およびモデル間比較の検定についての詳細は、筒井ほか（2007、pp.193-234）に詳しい。

2 学習時間のカテゴリーごとの平均値と標準偏差を**表5-4**に示した。すべてダ

第5章 学力の不平等は、努力によって克服できるのか？　　87

ミー変数であるため、平均値は実際には該当パーセントを意味している。

表5-4　学習時間のカテゴリー別の平均値と標準偏差

	小3	小6	中3	全体
ほとんどしない	0.164 (0.370)	0.086 (0.280)	0.107 (0.309)	0.119 (0.324)
1時間まで	0.664 (0.473)	0.669 (0.471)	0.264 (0.441)	0.532 (0.499)
2時間まで	0.121 (0.326)	0.194 (0.396)	0.356 (0.479)	0.224 (0.417)
2時間半以上	0.052 (0.221)	0.051 (0.219)	0.274 (0.446)	0.125 (0.331)

注)カッコ内は標準偏差
(JELS)

88 第Ⅲ部 教育における不平等はいかにして克服が可能なのか？

第6章 本の読み聞かせ経験は学力を「高める」のか？ Ⅰ

1 本章の目的

　本章では、本の読み聞かせ経験に注目しつつ、子育てスタイルの差異が学力に与える影響について分析し、PI効果（親の関わり効果）が、いつのタイミングで学力に影響するのかを明らかにしていく。

　近年、日本の教育達成の格差形成において母学歴の差異が重要性を増しているといわれている。現代社会における学校教育と家族との接点を検討する際のキーワード「子育て」であり、これは日本ではしばしば「家庭の教育力」という言葉に読み替えられる。そして、子育てスタイルの多様性や教育戦略は、母親がどのような働き方をしているかよりも、母親の教育経験によって決まるという（本田 2008、吉川 2009a、2009b、天童 2007、2016）。

　天童（2007、2016）によれば、1990年代は、「家庭の教育力」という言葉が一般に流布するとともに、教育の争点となり始めた時代であるという。この頃には、子どもの虐待問題の顕在化や報告件数の増加、青少年の逸脱や非行などが社会問題として認識され始め、それらの根源には「家庭の教育力」が低下したのではないかという論調が増加した（天童 2016）。そもそも戦後日本の育児政策・家族政策は、基幹労働力である男性を「支える」存在として、家事・育児を無償でこなす女性が前提として展開されてきた。そのため「家庭の教育力」の議論になると、母親がどのような育児戦略をとっているのかがどうしても争点になりがちなのである。

　Heckman（2013＝2015）など海外の研究においても、家計や人種による学力格差は、母親のはたらきかけによって改善される可能性が示されているように、

高学歴の母親は相対的に何かしらの「洗練された子育て」を行っていることが想定できる。そこで本章では、母親の学歴の差異と本の読み聞かせ経験に注目し、学力とどのように影響するのかを分析していく。

2　先行研究のレヴュー

　本章の分析の視点は、本の読み聞かせ経験等の家庭での「読書活動」である。例えば、文化資本論 (Bourdieu and Passeron 1964 = 1997、1970 = 1991、Bourdieu 1979 = 1990) や Lareau (2003) の研究を参照すれば、社会階層による教育達成の不平等は、子育ての様相の差異を媒介して生み出されると指摘されている。文化資本の量が多い家庭の子どもは「学びのハビトゥス」(宮島　1999、p.61) を獲得し、それを元手に学校で「成功」しやすくなる (Bourdieu1979 = 1990)。その中でも家庭での読書活動は、直接的に文字の習得に関わる項目であるためか学力の獲得に効果的な子育て実践の中心としてしばしば扱われる。これはおそらく、子どもが本の読み聞かせを経験することで、学習のレディネスが形成され、学校生活や学業成績にもポジティブな効果があるということだろう (Weikart 2000 = 2015、内田・浜野編 2012)。

　こうした家庭での読書活動が学力の獲得とどのように関わっているのかの実証研究には、文部科学省が実施した「全国学力・学習状況調査」のデータを分析した垂見 (2014) のレポートがある。そのレポートにおいて垂見 (2014) は、親の関与と学力の関連の分析を行い、「家庭における読書活動、生活習慣に関する働きかけ、親子間のコミュニケーション、親子で行う文化的活動、いずれも学力に一定のプラスの影響力がある中で、特に家庭における読書活動が子どもの学力に最も強い影響力を及ぼす」(垂見　2014、pp.72-73) と結論づけている。

　さらに、Jæger (2011) はパネルデータを用いて観察されない異質性 (unobserved heterogeneity) を統制した文化資本の学力への因果関係を分析し、子どもが読書を楽しむ (Reads for enjoyment) ことが学力に対してポジティブな影響があることを明らかにしている。松岡ほか (2014) が親子間の読書量を指標として文化資

90 　第Ⅲ部　教育における不平等はいかにして克服が可能なのか？

本の相続過程を論じているように、先行研究の知見を複合的に考えれば、親が何かしらの読書活動をはたらきかけ、子どもが読書するようになることが学力に対してポジティブな影響を及ぼしているようである。

　ところが、こうした家庭での読書活動が学力を「高める」とはいうものの、その経験が学力の初期的格差を生み出すのか、それとも学力の変化に影響するのかについて、日本の学力研究では明確にされてこなかった。以上より、本章の具体的な分析課題は、①本の読み聞かせ経験は、学力にポジティブな効果があるのか、②ポジティブな効果があるとすれば、それは学力の初期値に対してか、それともその変化に対してなのか、あるいは初期値と変化の両方なのか、ということになる。この点を明らかにするために、成長曲線モデルを用いた分析を行う。

3　本章で用いる変数と手続き

　分析に用いる変数を詳述していこう。

　まず従属変数には、第2章で詳述した偏差値化した算数・数学通過率を設定する。

　独立変数に用いる親学歴は、本章では母学歴と父学歴をそれぞれ用いることにする。本の読み聞かせ経験は、中学3年生への質問紙調査票の回答から得た変数を「本の読み聞かせ経験の有無」のダミー変数として用いる。以上に加えて、統制変数として性別（男子ダミー）と調査地域（関東エリアダミー）を用いる[1]。

　使用変数の記述統計量は表6-1に示した。なお、ダミー変数の平均値は、実質にはパーセントを示している。また、Level1は時間とともに変化する変数、Level2は時間とともに変化しない（変化しにくい）変数を表す。

第6章　本の読み聞かせ経験は学力を「高める」のか？　I　　91

表6-1　使用変数の記述統計量

	N	Mean	S.D.	Min.	Max.
Level 1					
算数・数学通過率	3255	50.00	10.00	14.58	78.11
学年	3255	1.00	0.82	0.00	2.00
Level 2					
母大卒	1085	0.32	0.47	0.00	1.00
母学歴不明	1085	0.09	0.28	0.00	1.00
本の読み聞かせ経験	1085	0.71	0.46	0.00	1.00
父大卒	1085	0.40	0.49	0.00	1.00
父学歴不明	1085	0.10	0.30	0.00	1.00
男子	1085	0.52	0.50	0.00	1.00
関東エリア	1085	0.53	0.50	0.00	1.00

(JELS)

4　本の読み聞かせはどのタイミングが効果的か

1 算数・数学通過率の水準差の分析

　まずは、親の学歴によって本の読み聞かせ経験に違いがあるのかについてここで確認しておこう（**表6-2**）。本の読み聞かせ経験があると回答した児童生徒の割合を親学歴別に比較した。その結果、父大卒＝77.1%・父非大卒＝66.5%（カイ二乗検定の結果、1%水準で有意）、母大卒＝76.2%・母非大卒＝68.5%（カイ二乗検定の結果、5%水準で有意）で、親が非大卒の子どもに比して大卒である方が本の読み聞かせ経験があると認識しており、それぞれ統計的にも有意差がある。

　次に、親学歴の違いと本の読み聞かせ経験の有無によって、算数・数学通過率に差が見られるのかを分析したのが**表6-3**である。それぞれの数値を確認すると、親大卒・本の読み聞かせ経験有の児童生徒の通過率は50ポイントを超えているが、親非大卒・本の読み聞かせ経験無の児童生徒の通過率はおよそ48ポイント程度に留まっており、これらは統計的にも有意な差が確認できる。

　続いて、親学歴を統制した上で、本の読み聞かせ経験の効果を検討しよう。**表6-4**は、分析ケースを親学歴の大卒・非大卒に分割し、本の読み聞かせ経

92　第Ⅲ部　教育における不平等はいかにして克服が可能なのか？

表 6-2　親学歴と本の読み聞かせ経験の関連

	母学歴		父学歴	
	大卒	非大卒	大卒	非大卒
本の読み聞かせ経験有り	76.2%	68.5% *	77.1%	66.5% **

注1)　カイ二乗検定による有意水準を記載している。
注2)+p<.10 *p<.05 **p<.01 ***p<.001
(JELS)

表 6-3　親学歴・本の読み聞かせ経験の有無と算数・数学通過率の関連（数値は平均値）

	母学歴		父学歴		本の読み聞かせ経験	
	大卒	非大卒	大卒	非大卒	有り	無し
小3	52.4	49.1 ***	52.1	48.6 ***	50.7	48.4 **
小6	53.7	48.6 ***	52.3	48.6 ***	50.7	48.3 ***
中3	53.4	48.5 ***	52.4	48.4 ***	50.9	47.9 ***

注1)親学歴は、学歴不明を含めて分散分析、本の読み聞かせ経験はt検定を用いた。
注2)+p<.10 *p<.05 **p<.01 ***p<.001
(JELS)

表 6-4　親学歴別、本の読み聞かせ経験の有無と算数・数学通過率の関連（数値は平均値）

			本の読み聞かせ経験	
			有り	無し
小3	父学歴	非大卒	48.9	48.0
		大卒	53.1	48.9 ***
	母学歴	非大卒	49.6	47.9 *
		大卒	53.4	49.5 **
小6	父学歴	非大卒	49.0	47.8
		大卒	53.2	49.5 **
	母学歴	非大卒	49.1	47.3 *
		大卒	54.5	50.9 **
中3	父学歴	非大卒	48.8	47.6
		大卒	53.5	48.5 ***
	母学歴	非大卒	49.2	47.1 *
		大卒	54.6	49.4 ***

注1)　t検定による有意水準を記載している。
注2)+p<.10 *p<.05 **p<.01 ***p<.001
(JELS)

験の有無による算数・数学通過率の平均値の差を分析した結果である。まずは、各学年の父学歴に注目しよう。すると、本の読み聞かせ経験による通過率の差が有意な児童生徒は、父親が大卒の場合だけであり、父親が非大卒の場合には有意な差が見られない。

ところが、各学年の母学歴について見てみると、母学歴によらず、本の読み聞かせ経験によって通過率の平均値に有意差があることがわかる。確かに、母大卒と比べると、母非大卒の児童生徒の方が平均値も小さく有意水準も5%水準に留まっている。しかし、この結果は母学歴とは独立して本の読み聞かせ経験の有無が学力に対してポジティブな効果を持つことを示唆していよう。

2 成長曲線モデルによる分析

以上の分析は、本の読み聞かせ経験がある児童生徒の方が学力は高いということを指し示していた。しかし、これらの結果は、本の読み聞かせ経験による学力の水準差がどの学年でも見られるということを示しただけであり、その変化を明らかにしていない。以下では、成長曲線モデルによって、児童生徒の家庭背景が、学力の初期値と変化にどのように影響するのかを分析していく。

表6-5は、算数・数学通過率の成長曲線モデルによる推定結果である。モデル1は性別と調査地域をコントロールした上で、親学歴による通過率の切片と傾きを推定している。まずはモデル1の結果を見ると、切片について有意な変数は、父大卒ダミーと母大卒ダミーである。この結果は、通過率の初期値は、父母の学歴によって規定されていることを示している。また傾きについては、本章にとって重要な変数である母大卒ダミーが5%水準で有意であり、これは通過率が上昇しやすいのは母親が大卒の児童生徒であることを意味している。Carneiro and Heckman (2004、p.129) によれば、家計や人種による学力格差は、母親の学歴やはたらきかけによって改善されることが指摘されているが、この分析結果はCarneiroらの知見と整合的である。

次に、本の読み聞かせ経験を投入したモデル2を確認しよう。親学歴の影響については、やや有意水準が低下しているものの、切片と傾きともにモデ

94　第Ⅲ部　教育における不平等はいかにして克服が可能なのか？

表6-5　本の読み聞かせ効果に着目した算数・数学通過率の成長曲線モデル

固定効果	Model 1			Model 2		
	係数	標準誤差	有意確率	係数	標準誤差	有意確率
レベル1の切片						
切片	48.327	0.549	0.000 ***	47.044	0.753	0.000 ***
母学歴（ref.母非大卒）						
母大卒ダミー	2.489	0.754	0.000 ***	2.422	0.750	0.001 **
母学歴不明ダミー	-2.350	1.475	0.111	-2.320	1.473	0.116
本の読み聞かせ経験（ref.経験無し）						
経験有り	—			1.729	0.681	0.011 *
父学歴（ref.父非大卒）						
父大卒ダミー	2.089	0.741	0.005 **	1.922	0.744	0.010 *
父学歴不明ダミー	1.047	1.409	0.458	1.028	1.403	0.464
性別（ref.女子）						
男子	-0.530	0.578	0.359	-0.322	0.583	0.581
調査エリア（ref.東北エリア）						
関東エリアダミー	0.804	0.594	0.176	0.875	0.593	0.140
学年の傾き						
切片	0.370	0.300	0.219	0.176	0.392	0.653
母学歴（ref.母非大卒）						
母大卒ダミー	0.897	0.362	0.013 *	0.886	0.362	0.015 *
母学歴不明ダミー	0.329	0.720	0.648	0.334	0.717	0.642
本の読み聞かせ経験（ref.経験無し）						
経験有り	—			0.261	0.334	0.434
父学歴（ref.父非大卒）						
父大卒ダミー	0.096	0.363	0.791	0.071	0.366	0.847
父学歴不明ダミー	0.054	0.700	0.938	0.052	0.696	0.941
性別（ref.女子）						
男子	0.028	0.289	0.922	0.059	0.293	0.839
調査エリア（ref.東北エリア）						
関東エリアダミー	-1.388	0.297	0.000 ***	-1.377	0.297	0.000 ***

ランダム効果	分散成分	標準偏差	カイ二乗値(d.f.=1078)	分散成分	標準偏差	カイ二乗値(d.f.=1077)
レベル1の切片, r_0	60.595	7.784	3270.011***	60.075	7.751	3248.184 ***
学年の傾き, r_1	4.697	2.167	1361.214***	4.705	2.169	1360.384 ***
level-1, e	35.760	5.980		35.760	5.980	
N	1085			1085		

注)+p<.10 *p<.05 **p<.01 ***p<.001
(JELS)

ル1と同じである。つまり、切片は両親の学歴によって規定されており、傾きは母親の学歴によって規定されているということである。本章にとってもうひとつの重要な変数である本の読み聞かせ経験ダミーについては、切片に対して5%水準で有意である。わずかではあるが、本の読み聞かせ経験は学力の初期値に対して効果があるということであろう[2]。

　最後に、成長曲線モデルのモデル2をそれぞれ図化して、分析結果を視覚的に把握しやすく示したのが**図6-1**である[3]。図中の実線が本の読み聞かせ経験有り、点線が本の読み聞かせ経験無しの児童生徒である。表5-5でも見た通り、通過率の切片について本の読み聞かせ経験の有無による差異がやや

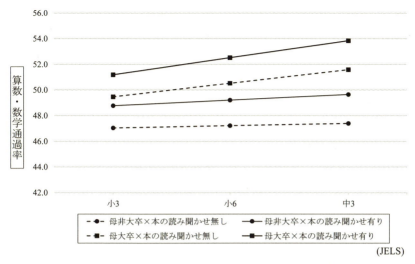

図 6-1 母学歴と本の読み聞かせ経験の有無による算数・数学通過率の変化

見られるものの、母学歴による格差の方が大きいことがわかる。加えて、通過率の傾きも母親が大卒の方が上昇しやすい。この結果が示すのは、本の読み聞かせ経験は学力の初期値に対しては効果的ではあるものの、その効果は限定的であり、親学歴による学力格差を克服できるほどのものではないということである。

5　知見の要約

本章では、学力格差の変化について、母親の学歴と本の読み聞かせ経験に着目して分析してきた。分析より得られた知見は、以下の3点に要約できる。

第一に、どの学年段階においても、本の読み聞かせ経験の有無が、親学歴を統制した上で学力の水準差を生じさせることが示された。

第二に、成長曲線モデルによる分析の結果、学力の初期値(切片)の格差に対しては、まず親学歴による差異が大きいことが明らかになった。また、本の読み聞かせ経験もまた、学力の初期値(切片)に対して統計的に有意な影響があることがわかった。先行研究の知見(Jæger 2011、垂見 2014 など)を合わせれ

96   第Ⅲ部　教育における不平等はいかにして克服が可能なのか？

ば、家庭での読書活動が学力にポジティブな影響を与えるということになる。

　第三に、学力の変化（傾き）については、母親が大卒であることが統計的に
有意であった。すでに分析パートで触れたが、家計や人種による学力格差は、
母親の学歴が高いほど改善される傾向があると指摘されており（Carneiro and
Heckman 2004、Heckman 2013 = 2015）、高学歴な母親の家庭における日々のはたら
きかけが学力を伸ばすのかもしれない。

　以上の分析結果を踏まえて、当初に設定した本章の分析課題である、①本
の読み聞かせ経験は、学力にポジティブな効果があるのか、②ポジティブな
効果があるとすれば、それは学力の初期値に対してか、それともその変化に
対してなのか、あるいは初期値と変化の両方なのか、という問いに戻ろう。
その結論は、①本の読み聞かせ経験は、学力に対してポジティブな効果があ
り、②その効果は、学力の初期値に対するものである、ということになる。
これらの知見から強調しておきたいのは、本の読み聞かせという幼少期の子
育てスタイルは、学力の初期的格差（切片）に対して有効だということである。
こうした点を踏まえれば、学力の不平等の是正に向けた介入のタイミングは、
極めて初期段階が望ましいということになるのかもしれない[4]。

注

1　本の読み聞かせ経験の有無を子どもへ尋ねているため、本の読み聞かせを母親
　　以外の家族から受けている可能性もある。しかし、すでに述べたように「家庭の
　　教育力」なるものは母親の献身によって実行されているという側面が強いため
　　（本田 2008；天童 2007、2016）、本の読み聞かせ経験は母親によるものが大部分で
　　あろうと判断し分析を行っている。

2　Slope について、関東エリアダミーがマイナスに 0.1％水準で有意である。本章
　　の主たる関心ではないために積極的に解釈を与えないが、学力の変化について
　　の地域間の差異については今後の研究課題としたい。

3　成長曲線モデルの図化は、豊田（2007）を参考に、「レベル1の切片」と、学年の
　　傾きの切片と母学歴および本の読み聞かせ経験の有無の係数をから算出した。
　　時点の変化は、小3＝0、小6＝1、中3＝2として計算している。図の推定値の

推移は、母親非大卒かつ本の読み聞かせ経験無しを基準に設定した推定値の差である。

4 本章の分析結果を踏まえて次の点だけは強調しておきたい。本書のそもそもの目的は、子どもの教育達成について、母親の努力に依拠した「正しい」子育てスタイルや教育戦略を示し、親（特に母親）の育児不安を「煽る」ことではない。あくまでも、学力の改善および平等化に際する「適切なタイミング」を明らかにし、そのために教育政策がどうあるべきかを検討するための分析を行っている。

98　第Ⅲ部　教育における不平等はいかにして克服が可能なのか？

第7章　本の読み聞かせ経験は学力を「高める」のか？　Ⅱ
　―傾向スコアを用いた分析

1　本章の目的

　前章の分析の結果、本の読み聞かせ経験の効果は学力の初期値（切片）に対してのみ統計的に有意な効果があり、その変化（傾き）に対しては有意ではなかった。つまり、子育てスタイルの効果は学力の初期的格差（本書では小学3年生だが）を形成するということである。本章では、学力の初期値に対する本の読み聞かせ経験の効果について、より分析を深めていきたい。それというのも、前章の分析については、以下のような2つの課題が残されているからである[1]。

　第一に、効果の厳密な測定について手法の課題である。他要因をコントロールし、本の読み聞かせ（処置変数）効果の有無の推定には重回帰分析などが用いられることが多い。しかし重回帰分析では、本の読み聞かせ経験の有無と相関のある個人の異質性の影響を受けて、正確な効果を推定できない可能性がある。また重回帰分析で見出した効果は、サンプル全体の平均効果を述べているだけであり、様々な「異質性」を含んだ推定結果となっている。後述するように、本章ではこの問題をクリアするための方法として、傾向スコア（propensity score）を用いた分析を用いる。最近では日本の教育社会学の研究においても、学校外教育や朝食習慣が教育達成に対して効果的かどうかが傾向スコアを用いて検討され始めている（中澤　2013a、2013b、小川 2014）。傾向スコア・マッチングを用いることで、本の読み聞かせ経験が学力の初期値に与える効果をより厳密に示すことができるだろう。

　第二に、前章までのデータで本の読み聞かせの効果を検証するには、いく

つかの問題がある。以下に詳述していこう。

1つ目は、学力データ（アウトカム変数）に算数・数学のみを用いていることである。第2章で詳述したように、本書では、算数・数学の学力調査データのみを、広く「学力」として定義し分析を展開している。これはデータの制約上ある程度は仕方がないのだが、親による本の読み聞かせが学力に与える効果を検討するには、「本の読み聞かせを行うほど算数・数学の学力が高い」というのは違和感がある。そこで分析する学力データに国語も加えて、本の読み聞かせ効果を検証しておきたい。

2つ目は、本の読み聞かせに関する情報を、中学3年生への質問紙調査から得ているという点である。第6章では中学3年生に幼少期に本の読み聞かせを受けたどうかを回顧的に尋ねた質問項目を分析に用いていたため、データの信頼性にやや欠けることが危惧される。そこで、本章では、母親への質問紙調査データに学力データを結合し、母親による本の読み聞かせの効果をより信頼に足るデータにより検証する。

3つ目は、児童生徒の社会階層変数が不足しているということである。これも第2章で詳しく述べたが、本書では社会階層の指標として、中学3年生への質問紙調査から得られた親学歴を使用している。これもデータに制約があるためだが、親学歴のみを階層変数として用いるのは、社会階層に関する情報の欠落変数 (Omitted Variables) がやや多い。そのため、本の読み聞かせ（処置変数）に先行するであろう社会階層要因（共変量）について、十分な情報が得られていない可能性がある。そこで本章では、母親（本人）学歴に加え、父親（配偶者）の学歴や職業、世帯年収といった変数を用いて、本の読み聞かせ経験の効果のロバストネスを検証する。

以上より、本章では、母親に対する質問紙調査データと小学3年生に対する算数と国語の学力データを結合させ、傾向スコア・マッチングによる分析を展開し、幼少期の本の読み聞かせが学力に効果があるのかについての因果推論の可能性を検討していく。

100　第Ⅲ部　教育における不平等はいかにして克服が可能なのか？

2　分析戦略：傾向スコア・マッチング

1　無作為化比較試験と反実仮想

　本章では、本の読み聞かせ経験が学力に与えるロバストな効果を検証した
いわけだが、まずは、無作為化比較試験 (Randomized Controlled Trial：RCT)、次に
反実仮想 (counterfactual) の枠組みの理解から始めよう。

　アメリカの実証的な教育研究においては、何かしらの処置や介入の「効果」
の因果関係を証明するのに最も有効な方法としては、RCTが最上位とされて
いるという (国立教育政策研究所編 2012)。クラスサイズ (少人数学級) の研究を例
にとるならば、RCTは研究の対象者をランダムに2つのグループに分け、一
方のグループには「小さいクラスサイズ」という環境を準備するなどの介入
を行い、もう一方のグループには「従来的なクラスサイズ」を準備する。そ
して、一定期間後に子どものアチーブメントなどを比較し、「小さいクラス
サイズ」の効果を検証する。つまり、RCTは何かしらの介入の結果、その介
入に効果があるかどうかをグループ間で比較検証していることになる。

　本章では、本の読み聞かせ経験が学力に与えるロバストな効果を検証した
いわけだが、RCTを行うに堪えうるデータが準備できれば最善である。しか
し、子育てスタイルの違いとその効果検証に関する調査データの収集は、費
用の面などで難しいばかりでなく、しばしば倫理的な問題に憂慮しなければ
ならなくなる。そこで通常の観察データにおいて、何かしらの介入について
の因果効果を確認しようということになるわけだが、そうすると、同一人物
については、「介入有り or 無し」どちらか一方の人しか観察できない。それ
ゆえに、いずれか一方については反実仮想の仮定を立てて、推論を行うこと
になる (星野 2009、石田 2012、田中 2015、Morgan and Winship 2014)。以下では、石
田 (2012、pp.7-11) の解説に依拠しつつ、本の読み聞かせと学力の関連を例とし
た反実仮想の枠組みを解説する。

　本の読み聞かせ経験を受けた子どもが「処置 (treatment)」を受けた子ども (処
置群、D = 1)、本の読み聞かせ経験を受けなかった子どもが「処置」を受けな
かった (対照群、D = 0) とする。観察されるのは、本の読み聞かせ経験があっ

第 7 章　本の読み聞かせ経験は学力を「高める」のか？　Ⅱ　101

た処置群では、処置を受けた場合の学力スコアであり、本の読み聞かせ経験
がなかった対照群では、処置を受けなかった学力スコアとなる。反対に、観
察することができないのは、処置群の子どもがもし仮に本の読み聞かせ経験
がなかった場合の学力スコア、対照群の子どもがもし仮に本の読み聞かせ経
験があった場合の学力スコアである。これらを「潜在的アウトカム（potential
outcome）」と呼ぶ。まとめると**表7-1**のようになるわけだが、同じ子どもが、
同時に本の読み聞かせ経験があったりなかったりすることはあり得ないので、
反実仮想に基づく「潜在的アウトカム」を想定する必要がある。

　反実仮想の考え方を用いると、次のように因果効果を示すことができると
されている。因果効果の定義は、母集団全体の因果効果を、「平均処置効果
（Average Treatment Effect：ATE）」と表す。これは、すべての母集団の子どもが、
本の読み聞かせ経験を受けた場合（Y1）と受けなかった場合（Y0）の学力の差の
期待値である。しかし表7-1で見るように、実際に観察できるのは、全体の
半分の値である。

　次に、処置群（表7-1の第1行）のみに着目し、処置群の子どもの処置効果（Av-
erage Treatment Effect on the Treated：ATT）は、本の読み聞かせ経験を受けた場合と
（もし仮に）受けなかった場合の差の期待値となり、ATT = E (Y1 - Y0 | D = 1)
として表される。

　対照群（表7-1の第2行）のみに着目し、対照群の子どもが本の読み聞かせ経
験を受けなかった場合と（もし仮に）受けた場合での学力スコアの差の期待値
が、対照群の処置効果（Average Treatment Effect on the Un-Treated：ATUT）となり、
ATUT = E (Y1 - Y0 | D = 0) として表される。

　処置（Treatment）の割り当てがランダムである場合には、ATE、ATT、ATUT
の3つが等しくなり、観察値の差から因果効果を推定することができる。つ
まり、無作為割り当て（random assignment）の場合には、ATE = ATT = ATUT = E
(Y1 | D = 1) - E (Y0 | D = 0)が成り立つことになる。

　無作為割り当てが担保されていない場合には、因果推論の根本問題は解決
されない。なぜならば、同じ児童生徒が、もし仮に本の読み聞かせを受けて
いなかった場合にはどうなったかわからないからである。ある児童生徒が本

102 第Ⅲ部 教育における不平等はいかにして克服が可能なのか？

の読み聞かせを受けて学力が向上していたとしても、もしかすれば、当該児童生徒は、本の読み聞かせを受けていなくても学力が高かったかもしれないからである。実際にデータや数値として観察可能なのは、実際に本の読み聞かせを受けた児童生徒の学力と、実際に本の読み聞かせを受けなかった児童生徒の学力だけである。

　もし本の読み聞かせを受けた児童生徒と受けなかった児童生徒がランダムに割り当てられたのであれば、この２つのグループには、本の読み聞かせを経験したかどうかという処置 (Treatment) による違いしか存在せず、この２つのグループの間の学力の平均値を比較することによって、その違いが本の読み聞かせによるものだと結論づけられることになる。

表7-1 反実仮想における因果推論の枠組み

	処置を受けた場合の結果 (y_i^t)	処置を受けない場合の結果 (y_i^o)
処置群 （D=1）	観察される値	欠測 （反実仮想の値）
対照群 （D=0）	欠測 （反実仮想の値）	観察される値

注：石田（2012、p.9）より

2　傾向スコアと処置効果の異質性

　しかし、調査観察データを用いる社会科学研究では、対象をランダムに割り当てることは極めて困難であるため、そのための対処方法が必要となる。そこで処置群と対照群という考え方を用い、実験に近い(ランダムな割り当てのような状況)を統計的に作り出すことにより、実験設定に近い形で因果効果を測定しようと試みられる。その際に、有効な手段のひとつとされているのが、傾向スコアを用いる分析である。

　傾向スコアは、観察研究からの知見を、無作為割り当てを行った実験研究の知見に近づけるための方法として Rosembaum and Rubin (1983) によって提案された。目的とする確率変数y(アウトカム変数；学力)が、２つの状態x = 0とx = 1(それぞれ処置群と対照群；本の読み聞かせ経験の有無)で測定される状況におい

て、観察研究事態では、通常、xの割り当ては無作為ではなくp次元の共変量zと独立ではない。この時、共変量を所与とした場合のx=1の条件付き確率を傾向スコアという（星野・繁桝 2004、豊田ほか 2007 など）。

　傾向スコアは、割り当てを2値のカテゴリカルな基準変数としたロジスティック回帰分析における、共変量による条件付き予測確率と表現される。本の読み聞かせ経験の有無について、x＝1ならその児童生徒が本の読み聞かせを受けた場合、x＝0なら本の読み聞かせを受けなかった場合として、これを従属変数の実現値としたロジスティック回帰分析を行うことで、本の読み聞かせ経験の割り当てに関する傾向スコアを求め、この値を利用して本の読み聞かせを受けた児童生徒の分析結果を受けなかった児童生徒の分析結果に近似させる方法として提案されている[2]。

　本章の問題関心に近い研究例として挙げられるのは、小川（2014）が傾向スコアの層別解析を通して、15歳時点での朝食習慣の有無の効果を推定している。それによれば、朝食習慣の有無によって、中学3年時点の学力（自己評価）および最終学歴には違いがあり、朝食習慣がある傾向がある子どもほど高い教育達成を遂げているという。

　このように、傾向スコア（理論上、その処置の受けやすさを示すスコアになる）に基づいて個人をn分位（5分位が多い）に分割し、各分位において、実際に処置を受けた人の群とそうでない人の群との間でアウトカムの平均値の比較を行う。そして、平均処置（Average Treatment Effect：ATE）を算出し、ATEが統計的に有意であれば、本の読み聞かせ経験は学力に対して効果的であるといえる。

　以上に加えて、本章では処置効果（本の読み聞かせ）の異質性（heterogeneity）についても分析・検討してみたい。例えば、重回帰分析によって得られる推定値は、投入した独立変数の効果がサンプル全体に平均して与える効果を意味している。しかし例えば、高学歴で語彙力に富んだ母親が行う本の読み聞かせと、語彙力に乏しい母親が行う本の読み聞かせが、どの子どもの学力に対しても同程度の効果があると想定するのは、我々の経験的にも疑わしい。中澤（2013b）によれば、近年のアメリカの教育社会学では、ある処置変数の効果が、どのような対象者に対して強い効果が期待できるのか／できないのか、

104　第Ⅲ部　教育における不平等はいかにして克服が可能なのか？

といった効果の異質性に踏み込んで検討することがトレンドになっているという (Morgan 2001、Brand and Xie 2010)。最近では、日本でも教育社会学や教育経済学において、傾向スコアや分位点回帰などを用いて「効果の異質性」に着目して分析することの重要性が認識され始めている (中澤 2013ab、石黒 2012、直井 2016など)。

　こうしたデータと分析に関する諸問題および近年の研究動向を踏まえて、本章では傾向スコアを用いた本の読み聞かせ経験が学力の初期値に与える効果の検証を行っていく。

3　データ・方法・変数と手続き

1　データ

　本章で用いるのは、「青少年期から成人期への移行についての追跡的研究 Japan Education Longitudinal Study (JELS)」において、2003年 (Aエリア) と 2004年 (Cエリア) に、小学3年生およびその保護者に対して実施された調査データである。

　分析に際しては、母親が回答したケースに限定し、小学3年生の学力データが算数と国語の両方が揃っているデータのみを用いる。本章での分析ケース数は418人である。学齢児童を対象とした調査の多くは、家庭背景に関する情報を子どもによって回答されたものが用いられる。しかし、母親と子どものマッチングデータを用いることで、本章のデータは家庭背景について精度の高い情報が得られている。

2　変数と手続き

　分析に用いる変数を詳述していこう。

　まずアウトカム変数には、学力の指標として、算数通過率および国語通過率を設定する。

　次に処置変数には、子どもの幼少期における母親の子育てスタイルとして、「お子さんが小さかった頃に、よく本を読んで聞かせた」について該当か非

該当かを回答してもらった結果を2値変数として用いる。

　共変量については次の通りである。両親の学歴については、「大学・大学院卒か否か」にカテゴライズし、「大卒ダミー」とした。なお、無回答は「非大卒ダミー」としている。世帯年収は、200万円未満＝200、200万円以上〜300万円未満＝300、300万円以上〜400万円未満＝400、400万円以上〜500万円未満＝500、500万円以上〜600万円未満＝600、600万円以上〜700万円未満＝700、700万円以上〜800万円未満＝800、800万円以上〜900万円未満＝900、900万円以上〜1000万円未満＝1000、1000万円以上〜1200万円未満＝1200、1200万円以上〜1500万円未満＝1500、1500万円以上＝1800として数量化し、無回答については平均値 (748.99) を代入した[3]。父職は、専門・管理職であるか否かでダミー変数化し、無回答は「非専門・管理職」に含めた。以上に加えて、性別 (男子ダミー) と調査地域 (関東エリアダミー) を投入する。

　使用変数の記述統計量は**表7-2**に示した。なお、ダミー変数の平均値は、実質にはパーセントを示している[4]。

表7-2　使用変数の記述統計量

	Mean	S.D.	Min.	Max.
アウトカム変数				
算数通過率	73.47	15.90	0.00	100.00
国語通過率	71.33	15.18	7.50	100.00
処置変数				
本の読み聞かせ経験	0.62	0.49	0.00	1.00
共変量				
母大卒ダミー	0.13	0.34	0.00	1.00
父大卒ダミー	0.36	0.48	0.00	1.00
父専門・管理職ダミー	0.31	0.46	0.00	1.00
世帯年収 （対数変換済み）	6.52	0.45	5.30	7.50
男子	0.48	0.50	0.00	1.00
関東エリアダミー	0.44	0.50	0.00	1.00

(JELS)

106　第Ⅲ部　教育における不平等はいかにして克服が可能なのか？

3　データの特徴と限界

　既述の通り、本章の分析ケース数は418人である。母親と子どものマッチングデータを用いることで、本章のデータは家庭背景について精度の高い情報が得られているとは考えられる一方で、欠損データの問題も発生する。

　JELSは調査設計において、児童生徒への学力調査は、学校での集合自記式で実施されているために無回答は極めて少ないものの、保護者調査の協力拒否は半数以上になる。保護者調査の協力者は、比較的裕福な家庭であり（蟹江・坂本 2006）、それゆえに、**表7-3**に示したように、全ケースに比べて分析ケースの学力スコアの平均値が高く、標準偏差が小さい。本章の分析は、こうしたデータに偏りがあることに限界があることを理解したうえで分析を展開していくことになる。

表7-3　分析ケースの特徴

	算数・通過率		国語・通過率	
	全ケース	分析ケース	全ケース	分析ケース
	N=2045	N=418	N=1831	N=418
Mean	69.9	73.5	66.6	71.3
S.D.	17.9	15.9	18.0	15.2
Min.	0.0	0.0	0.0	7.5
Max.	100.0	100.0	100.0	100.0

(JELS)

4　分析

1　処置（本の読み聞かせ）を予測するロジスティック回帰分析

　まず、傾向スコアの算出のため、従属変数を学校外教育にしたロジスティック回帰分析を行う。その前に、母学歴別に本の読み聞かせ経験がどのような分布になっているのかを確認しておこう。結果は**表7-4**に示した通りであるが、該当者について最も高い値なのは短大・専門卒の母親である。次いで、大学・大学院卒の母親で、最も低い値は高卒以下の母親となっている。大まかにではあるが、高学歴の母親の方が子どもの幼少期に本の読み聞かせを経験していることがわかる。

第 7 章　本の読み聞かせ経験は学力を「高める」のか？　Ⅱ　　107

表 7-4　母親の学歴と本の読み聞かせ経験の関連（数値は該当者の %）

	母学歴		
	高卒以下	短大・ 専各卒	大学・ 大学院卒
よく本を読んで聞かせた	51.5%	75.0%	62.9%

(JELS)

　表 7-5 は、ロジスティック回帰分析による本の読み聞かせの経験の推定結果である。結果を見ると、母大卒ダミー、世帯年収（対数変換済み）がプラスで有意であり、関東エリアダミーがマイナスで有意である。つまり、子どもの幼少期に本の読み聞かせを行ったのは、母親（本人）が大卒で、世帯年収が高く、東北エリア（地方県）の母親だということになる。

　なお、表 7-5 に記載した c 統計量は、「強く無視できる割り当て条件」(Strongly Ignorable Treatment Assignment) を満たしているかの条件となる。「強く無視できる割り当て」条件とは、傾向スコアを用いて因果効果を推定できるための前提条件である。「強く無視できる割り当て」条件共変量を所与とする

表 7-5　本の読み聞かせの経験の規定要因（ロジスティック回帰分析）

	係数	標準誤差	有意確率
母大卒ダミー	0.897	0.407	0.028 *
父大卒ダミー	0.422	0.262	0.107
父専門・管理職ダミー	0.132	0.264	0.617
世帯年収（対数変換済み）	0.807	0.275	0.003 **
男子	-0.051	0.211	0.810
関東エリアダミー	-0.566	0.226	0.012 *
定数	-4.738	1.745	0.007 **
対数尤度	-259.710		
カイ二乗値(d.f.=6)	34.910 ***		
Pseudo R2	0.063		
N	418		
c統計量	0.667		

注）+p<.10 *p<.05 **p<.01 ***p<.001
(JELS)

108 第Ⅲ部 教育における不平等はいかにして克服が可能なのか？

ときに「強く無視できる割り当て」であるとは、「どちらの群に割り付けられるかは観測された共変量の値に依存し、従属変数の値の高低によっては依存しない」という条件のことである[5]（星野・岡田 2006、p.233）。この値は1.0に近い方が望ましく、著しく値が小さい場合には、ここに投入している共変量によって、従属変数の処置変数の有無を完全に区別しきれていない可能性が高い（依然、処置の割り当てに有効な変数が残されている）ことを意味する。

星野・岡田（2006）によれば、医学系の論文誌ではc統計量は0.8以上が望ましいとされているが、従属変数に強い関連のある共変量が投入されていれば、0.67程度でも十分偏りのない調整が可能だという。表7-5を確認すると、c統計量は0.667であり、0.67の水準にほぼ達しており、本分析における処置変数は、「強く無視できる割り当て条件」は満たされていると判断できるだろう。

2　マッチング前後の比較：バランスチェック

傾向スコア・マッチングの目的は、処置群と対照群のサンプルの比較可能性を高めることである。この目的が達成されたかどうかを確かめるために、マッチングの前後において、2つのグループのそれぞれの共変量の差がどれほど縮まったかのチェックを行う必要がある。

表7-6は傾向スコア・マッチングを行う前後の共変量の変化である。確認のポイントは標準化差と分散比の変化である。具体的には、標準化差は処置前よりも処置後の方が数値が小さくなっており、分散比は処置前よりも処置後の方が1に近くなっていることが望ましい。そして表7-6を確認する限りは、傾向スコアによるマッチングの結果、処置群と対照群のサンプルの比較可能性が高まったと判断できる。

第 7 章　本の読み聞かせ経験は学力を「高める」のか？　Ⅱ　　109

表 7-6　傾向スコア・マッチング前後のバランスチェック

	標準化差		分散比	
	処置前	処置後	処置前	処置後
母大卒ダミー	0.369	0.037	2.658	1.091
父大卒ダミー	0.364	0.000	1.288	1.000
父専門・管理職ダミー	0.279	0.166	1.296	1.179
世帯年収（対数変換済み）	0.437	-0.031	0.654	0.800
男子	-0.054	0.082	0.995	1.014
関東エリアダミー	-0.099	-0.024	0.975	0.993

(JELS)

3　傾向スコア・マッチングによる本の読み聞かせの効果検証

　それでは、本の読み聞かせによる処置効果を検証していこう。まずは、傾向スコア・マッチングを行う前の処置効果について分析したのが**表 7-7**である（要するに、通常の平均値の比較を行っている）。この表では、分析サンプルについて本の読み聞かせの有無の間で算数と国語の通過率の平均値を比較し、t検定を行っている。結果は、算数について、本の読み聞かせ処置ありの通過率が75.0、処置なしでは70.8で有意差があり（$p<.01$）、国語の通過率では、本の読み聞かせ処置ありで73.5、処置なしでは67.6で有意差がある（$p<.001$）。つまり、シンプルな平均値の比較分析において、本の読み聞かせは算数にも国語にも統計的に効果があるということになる。

　それでは、傾向スコア・マッチング後の処置効果について分析した結果を確認しよう（**表 7-8-1,2**）。すでに述べたように、傾向スコアに基づいて個人

表 7-7　傾向スコア・マッチング前の本の読み聞かせ経験による算数、国語の通過率

	本の読み聞かせ経験		差	t値		本の読み聞かせ経験		差	t値
	処置あり	処置なし				処置あり	処置なし		
算数 通過率	75.045 (0.955)	70.886 (1.306)	4.159	2.611 **	国語 通過率	73.558 (0.888)	67.658 (1.264)	5.899	3.918 ***

注1) カッコ内は標準誤差

注2) +p<.10 *p<.05 **p<.01 ***p<.001

(JELS)

110 第Ⅲ部 教育における不平等はいかにして克服が可能なのか？

を 5 分位に分割し、各分位において、実際にトリートメントを受けた人の群とそうでない人の群との間でアウトプットの平均値の比較を行う。そして、ATE（平均処置効果）を算出し、ATE が統計的に有意であれば、本の読み聞かせ経験は学力に対して効果的だといえる。

表7-8 の下段には、ATE とその統計的検定の結果を記載している。まず算数・通過率について見ると、ATE が4.253で5%水準で有意である。この結果は、本の読み聞かせをした方が、算数・通過率が約4.2ポイント高いということである。次に、国語・通過率については、ATE が4.910で1%水準で有意であり、本の読み聞かせをした方が国語・通過率が約4.9ポイント高いということである。この結果より、本の読み聞かせの有無の学力への因果効果は、交絡要因を排除したうえでも有意であると判断できるということになる。

続いて、表7-8 の分位ごとの処置効果について見ていこう。この作業が、本の読み聞かせについての効果の異質性を検討することになる。各分位の意味を確認しておこう。第一五分位は、傾向スコアを5等分したときの低い方から20%までの集団であり、もともと本の読み聞かせをしない傾向がある人々を表している。一方で、第五五分位は、傾向スコアの大きさを5等分したの上位20%の集団であり、もともと本の読み聞かせを行う傾向のある人々である。

まず算数通過率から見ると、t検定の結果、統計的に有意な傾向があるのは第一五分位（p<.10）と第五五分位である（p<.01）。次に、国語通過率の結果を確認すると、t値が統計的に有意なのは、第一五分位（p<.01）、第三五分位（p<.05）、第五五分位である（p<.001）である。また、処置あり群と処置なし群のポイント差も合わせて考察すると、「統計的に有意である」という結果をどこまで重視するのかによるが、大まかには、(1)最も本の読み聞かせをする傾向の集団、(2)最も本の読み聞かせをしない傾向の集団、(3)読み聞かせ傾向について中間的な集団の順で、本の読み聞かせは学力に対して効果的だといえよう。とりわけ、第五五分位における有意差が算数でも国語でも明瞭であることからすれば、最も本の読み聞かせをする傾向がある集団での本の読み聞かせが、最も効果を発するということが示唆されよう。

第7章　本の読み聞かせ経験は学力を「高める」のか？　Ⅱ　　111

表 7-8-1　傾向スコア・マッチング後の本の読み聞かせ経験による算数の通過率

| | | 算数 通過率 | | | |
| | | 本の読み聞かせ経験 | | 差 | t値 |
		処置あり	処置なし		
第一五分位	（N=84）	76.292	66.667	9.626	2.389 +
		(1.823)	(3.863)		
第二五分位	（N=84）	73.834	73.756	0.078	0.021
		(2.067)	(3.151)		
第三五分位	（N=87）	75.588	71.242	4.346	1.158
		(2.152)	(2.900)		
第四五分位	（N=80）	72.890	74.048	-1.158	0.293
		(2.120)	(3.591)		
第五五分位	（N=83）	76.863	68.701	8.161	2.491 **
		(2.805)	(1.887)		
ATE（平均処置効果）		4.253			
		(1.721)			
Z値		2.471 *			

注1) カッコ内は標準誤差
注2) +p<.10 *p<.05 **p<.01 ***p<.001
(JELS)

表 7-8-1　傾向スコア・マッチング後の本の読み聞かせ経験による国語の通過率

| | | 国語 通過率 | | | |
| | | 本の読み聞かせ経験 | | 差 | t値 |
		処置あり	処置なし		
第一五分位	（N=84）	76.061	66.111	9.949	2.559 **
		(1.735)	(3.884)		
第二五分位	（N=84）	71.853	72.692	-0.839	0.236
		(1.876)	(3.258)		
第三五分位	（N=87）	74.792	68.889	5.903	1.853 *
		(1.603)	(3.150)		
第四五分位	（N=80）	70.598	73.382	-2.785	0.778
		(2.547)	(2.334)		
第五五分位	（N=83）	73.417	61.415	12.002	3.730 ***
		(2.390)	(2.006)		
ATE（平均処置効果）		4.910			
		(1.632)			
Z値		3.008 **			

注1) カッコ内は標準誤差
注2) +p<.10 *p<.05 **p<.01 ***p<.001
(JELS)

112　第Ⅲ部　教育における不平等はいかにして克服が可能なのか？

5　知見の要約

　本章では、傾向スコアを用いて、本の読み聞かせが学力に与える因果効果の検証を行った。その結果、やや国語の方が明瞭だったが、国語と算数の両方で母親による本の読み聞かせに有意なプラスの効果があることが確認された[6]。特筆すべきは、母親の学歴や世帯年収などの処置変数に先行する社会階層要因を取り除きつつ、本の読み聞かせが学力に与える効果を明らかにできたことである。

　また、本の読み聞かせ効果の異質性についても検討することができた。分析結果が指し示したのは、最も本の読み聞かせをしない傾向の集団と最も本の読み聞かせをする傾向の集団において効果があるという両極端である一方で、読み聞かせ傾向について中間的な集団でも有意な結果が得られた。平均処置効果 (ATE) が有意だったことを踏まえれば、本の読み聞かせは、割と満遍なく効果があるというように読める。しかし、ロジスティック回帰分析の結果では、相対的に社会階層が高い母親が本の読み聞かせを行う傾向にあることが確認されている。そして、最も本の読み聞かせをする傾向がある第五五分位において、本の読み聞かせの処置効果が、算数でも国語でも最も明瞭であった。こうした分析結果を総合的に判断すると、本の読み聞かせは、学力に対して全体的に効果的であると主張できつつも、社会階層が高い母親が行った方がより効果的なのかもしれない。Bourdieu らが指摘するように、人々の様々な心的傾向や実践の形成は社会階級内および家族内において行われる。それゆえに、各家庭で実践される「本の読み聞かせ」は、行為そのものが「同じ」であったとしても、それは「形式的に同じ」であるに過ぎず、子どもの教育達成に対しては異なった効果をもたらしていることが示唆されよう (Bourdieu and Passeron 1964 = 1997)。

　むろん、反実仮想の枠組みを用いた分析は「万能」ではない。本章の傾向スコアを用いた分析によって、本の読み聞かせ効果の諸バイアスを取り除けたのは、あくまで本の読み聞かせの有無を推定したロジスティック回帰分析で投入した独立変数に関してのみであって、それ以外の要因はコントロール

できていない。つまり表7-5のロジスティック回帰分析で用いた独立変数以外の要因は、すべて誤差であると前提しているため、完全に諸バイアスが除かれたとは断言できず、本の読み聞かせ効果が過大に推定されている可能性は残されている（中澤 2013b）。

　加えて、傾向スコアから得られる分析結果は、かなりブラックボックスな部分がある。小川（2014）が朝食習慣の効果について提言していることを踏まえることになるが、本章の分析結果が示唆することは次のような疑問が残るのである。すなわち、本の読み聞かせの有無が子どもの「頭を良くする」ことになり学力を高めるのか、それとも本の読み聞かせ経験が子どもの学力獲得に対する知的好奇心の誘発（文化資本の獲得）として作動するのか（あるいは、両方なのか）といった具体的なメカニズムについては明らかにできない。こういった点を明らかにするためには、本書の問題関心の枠組みを離れ、教育（社会）学と脳科学などとの学際的な研究が必要となるのかもしれない（中西 2017）。

　以上より本章では、いくつかの課題はありつつも、子どもの幼少期での学習経験が学力に効果があることが明らかになった。ただし、本章の分析結果が示したのは、期待される就学前の役割のうちの「学習準備スキル」（Pre-academic skills：基本概念や微細運動の改善方法を学び、読み書き計算に必要なスキルを取得し始めること）という一側面に過ぎない（Weikart 2000 = 2015、p.26）。また、あくまで国語と算数という学力スコアへの効果を検証したに過ぎない。就学前の効果は他の「能力」にも波及していることが想定されているため（Heckman 2006、2013 = 2015）、今後はそうした観点からも検証していく必要があるだろう。

注

1　本章では、学力スコア（算数と国語の通過率）を「アウトカム変数」、本の読み聞かせの有無を「処置変数」、本の読み聞かせに先行するとされる社会階層要因を「共変量」と呼ぶ。

2　要するに、反実仮想の仮定において処置群と対照群に分けるということは、「本の読み聞かせ経験がある人とそうでない人とで似た性質の人を探してマッチン

グし、両者の間で学力の平均値を比較する」というのが傾向スコア・マッチング
の基本的な発想である (田中　2015)。しかし、共変量の数が多い場合には、すべ
ての共変量を条件付けて「似ている人」同士をマッチングするのは現実的ではな
い。なぜならば、共変量の数が多くなることによって、ある処置群の個人と同
一の共変量の値を持つ対照群の個人を見つけ出すことが困難になるためである。
これはしばしば、「次元の呪い (curse of dimensionality)」と呼ばれる問題である (星
野 2009、中澤 2013a)。このような問題に対処するため、ロジスティック回帰分析
によって算出した傾向スコアが近い人を「似ている人」と判断しようということ
である。

3　無回答のケース数は49人である。

4　本章の分析ソフトウェアには、Stata ver.14を用いた。

5　もっとわかりやすく記述すれば、アウトカム変数と処置変数の割り当ては独立
であるというものである。つまり、処置の割り当て (本の読み聞かせの有無) は共
変量 (母親の学歴や世帯年収など) に依存する。アウトカム変数 (学力の高低) と処
置変数の関係は、共変量とアウトカム変数の関係による間接的なものであると
いう仮定である。

6　前章からの繰り返しになるが、次の点だけは強調しておきたい。本書は、子ど
もの学力の獲得について、母親の努力に依拠した「正しい」子育てスタイルや教
育戦略を示し、親 (特に母親) の育児不安を「煽る」ことを目的としていない。あ
くまでも、学力の改善および平等化に際する「適切なタイミング」を明らかにし、
そのために教育政策がどうあるべきかを検討するための分析である。

第8章　学校教育は学力格差を是正するか？
—クラスサイズに着目した分析

1　本章の目的

　ここまで、児童生徒の生まれに起因する教育的不平等の実態をとらえ、児童生徒自身の努力や親の養育行動などに注目して分析を行ってきた。分析パートの最後として、本章では、教育的不平等が学校教育によって解消されうるのかどうかを検討していきたい。そこで本章では、クラスサイズが学力の不平等是正に効果的であるかどうかについて分析していく。とりわけ、クラスサイズが学力に与える「不利な家庭背景の児童生徒が多い学校」への効果に着目する。

　クラスサイズの実証研究は、しばしばGlass et al. (1982) が古典的な研究として挙げられる。そこで提示された知見は、①クラスサイズが小さいほど教育効果の「伸び」が大きく、②特にクラスサイズが20人を下回るあたりで教育効果が顕著に伸びる、というものであった。そして、Glass et al. (1982) の主張によれば、クラスサイズの適正規模は「15人」であるというものであった。

　クラスサイズの効果検証は、Glass et al. (1982) 以降にもアメリカではそれなりに一定の蓄積がある。その中でも、「史上もっとも重要な教育調査」との呼び声も高いSTARプロジェクト (Student/Teacher Achievement Ratio Project) の研究成果はよく知られるところでもある。STARプロジェクトは、1985年から1989年にかけてテネシー州で実施された少人数学級の効果検証についてのプロジェクトであった。用いられた方法は、第7章でも紹介したランダム化比較試験 (Randomized Controlled Trial：RCT) だった。この調査は約6400人の幼稚園児と300人の教員を、13人〜17人の少人数クラス、22人〜25人の普通クラ

ス、普通クラスに補助教員を加えたクラスの3つにランダムに振り分け、クラスの分け方は小学校3年生まで4年間維持された。そこで得られた結果は、①読みと算数の成績を比較すると、少人数クラスの方が他のグループよりも高かったという。また少人数クラスの効果は、②少人数クラスへの在籍が早いほど、③少人数クラスの在籍期間が長いほど大きく、④より効果が発揮される対象は、白人・非都市部よりもマイノリティ・都市部の方が高かったと紹介されている (惣脇 2012、pp.58-61)。

翻って日本の実状であるが、日本の学級編成の基準は、1学級の上限児童生徒数であり、「公立義務教育諸学校の学級編制及び教職員定数の標準に関する法律」(以下、義務教育標準法) 3条2項において、小中学校単式普通学級の場合に40人(小学校第一学年の児童で編制する学級は35人)と設定されている。また、教職員の配置は、義務教育標準法7条1項および11条1項に見られるように学級数によって定められる学校規模を基礎として、ほぼ「等しく」行われている。これがわが国の義務教育に対するナショナル・ミニマムであり、学級という集団を単位として教育資源の「平等」を考える日本式の教育システムである (苅谷 2009b)。Glass et al. (1982) やSTARプロジェクトから主張されるような20人未満のクラスサイズを実現させるためには、学級数とそれにともなう教員の人数をほぼ2倍にしなければならないことになる。

むろん学級数と教員数の倍増は現実的な議論ではないが、近年では日本でも「適切」なクラスサイズを議論するための実証研究が蓄積されつつある (Akabayashi and Nakamura 2013、山崎編 2014bなど)。これら一連のクラスサイズの効果検証については、妹尾・北條 (2016) が教育経済学ないし計量経済学的アプローチと教育社会学的アプローチに分けることでわかりやすく整理している。前者においては、内生性 (endogeneity) を除去した上でのクラスサイズの効果検証が目指される。ある独立変数 (クラスサイズ) と誤差項との間に相関があるとき、分析から得られた推定値は統計学的に信頼されるものとはなりえない。それゆえに、二段階最小二乗法 (Two Stage Least Squares：2SLS) など内生性を排除するための手法が用いられる。

一方で教育社会学的なアプローチでは、内生性の除去よりもデータの階層

性に起因する問題への対応を重視する。本書の分析データもそうだが、学校を通じて児童生徒の情報を得て構築されるデータは、同じ学校には似た境遇の児童生徒が集まる傾向がある。それゆえに、通常の回帰分析での分析では諸々の問題が発生する（詳細は後述）。そのため、マルチレベルモデル（Multi-level Model）などの手法を用いてこの問題に対処してきた。

　ところが、クラスサイズの効果に関する知見はしばしば整合的でないことも多い。例えば、Akabayashi and Nakamura (2013) は、少人数学級の推進が必ずしも学校間の学力格差の解消につながるわけではないことを示唆している一方で、耳塚・中西 (2015) は「限定的」だとしつつもクラスサイズのポジティブな効果を主張している。Bosworth and Frank (2007) はこうした知見の不一致をクラスサイズ・パズル（class size puzzle）と呼ぶが、このような知見の一貫性の無さは、異なったデータや手法を用いていることに原因があるとされる。前出の妹尾・北條 (2016) は、これらの知見の不一致を概観した上で、文部科学省が実施した「平成25年度全国学力・学習状況調査（きめ細かい調査）」のデータを用いて、教育経済学と教育社会学における両アプローチから分析を行った。その結果、不利な家庭背景の児童生徒が多い学校には、小さいクラスサイズの方が学力にポジティブな効果があることを明らかにしている。

　さて、以上のように比較的に日本でも蓄積されつつあるクラスサイズの研究であるが、以下の2点について残された課題であるとして本章の分析課題とする。

　第一に、本書の分析データが追跡的研究であるという点を活かし、同一集団に対するクラスサイズの効果検証について検討する。先に見たようなクラスサイズの実証的な効果が一貫しないのには、分析対象が異なることが考えられる。つまり、公立学校では入学者の「質」が毎年大きく変わることがあるため、クラスサイズが「たまたま効果のある学年（集団）」だっただけだという可能性が残されているのである。これは一度限りの調査ゆえに発生してしまう問題である（川口・前馬 2007）。そこで、それぞれの学年を分析対象とすることで、同一集団に対してクラスサイズの効果が一貫して観測されるのかどうかについても検証していく。

118　第Ⅲ部　教育における不平等はいかにして克服が可能なのか？

　第二に、本書のデータが追跡的調査によって得られたものという長所を活かし、クラスサイズの効果の持続性について分析してみたい。先に見たSTARプロジェクトでは、少人数クラスは、少人数クラスへの在籍が早いほど効果的であり、そしてその長期的な効果が観測されている。そこで、小3時点での所属するクラスサイズが学力の初期値とその後の学力変化に影響があるのかについて分析していく。

　これら2点の分析課題は、クラスサイズの効果を学力の「水準差」でとらえるのか、それとも「変化」でとらえるのかの違いだということになる。本章では、クラスサイズの効果を「水準差」と「変化」の両方でとらえることによって、効果のバリエーションを描き出すことを試みる。

2　分析1：クラスサイズによる学力の水準差の検証

1　データ

　ここでは、これまでに分析してきた小学3年生(2003-04年調査)と6年生(2006-07年調査)の児童データに、学校・教員調査のデータをマッチングさせてそれぞれを学年別に分析する[1]。つまりここではパネルデータの分析は行わないということである。第2章で詳述した通り、JELSは3年ごとの追跡調査を行っている。そのために、もちろん分析の関心や目的にもよるのだが、学校教育の影響による学力の変化をとらえるのは難しい。そこで小学3年生と6年生の児童それぞれを分析することで同一集団に対する教育システムの効果を検証していく。

2　クラスサイズが学力の水準差に与える効果についての分析戦略

　ここで用いる分析手法は、マルチレベルモデルである。マルチレベルモデルは、「階層的なデータ」を適切に分析するための手法である。第3章でも述べたが、階層的なデータとは、例えば、複数の国や学校といったグループごとのサンプリングしたデータ(Clustered Data)、同じ子どもの身長を追跡的に測定したデータ(Longitudinal Data)などである。本章で分析するのは、「学校ごと

に児童をサンプリングしたデータ」(＝ Clustered Data) ということになる。なお、個人レベルを「レベル1」、集団レベルを「レベル2」と呼ぶことが慣例であるため、以下ではそのように表記する[2]。

　分析戦略にマルチレベルモデルを採用するのは、通常の回帰分析ではいくつかの問題が発生するためである。まず、回帰分析は分析サンプルが独立していることを仮定しているが、実際には同じ学校には社会階層や学習意欲などの点で似た性質の児童生徒が集まっている可能性がある。つまり、階層的データは分析サンプルが独立しておらず、その結果、標準誤差を小さく見積もってしまい正しい効果の有無を推定できない可能性が生じるのである。

　また、推定値の解釈にグループの性質と個人の性質が混濁してしまうという問題も発生する。例えば、学習意欲が高い児童の学力が高いのか、それとも学習意欲の高い集団の全員の学力が高いのかがわからないというような問題である。集団単位で収集されたデータでの相関と、個人単位で収集されたデータでの相関はしばしば異なることが知られており、これは「生態学的誤謬 (Ecological Fallacy)」と呼ばれる (Robinson 1950)。そこで、マルチレベルモデルを用いることによって生態学的誤謬を回避し、階層的データをより適切に分析することが可能となる[3](清水 2014)。

3　使用する変数と手続き

　分析に用いる変数は、ここまでにも用いてきた算数通過率、学習時間、親学歴 (レベル1の変数) に加えて、学校レベルで収集したいくつかの情報 (レベル2の変数) である。

　クラスサイズは、学級担任に対する教員調査票の中で受け持つ学級の児童数を尋ねた項目を学校平均として集計し、クラス別児童数の学校平均値を用いる。第2章でも述べた通り、JELSでの調査対象の小学校は2エリア合計35校だが、児童生徒の追跡に際し1校脱落しているため分析に用いることができるのは34校である。なお、小3でクラスサイズについての質問に対し無回答が1ケース (児童レベルで7ケース) あったため、平均値である29.85を代入して分析に含めた。

120   第Ⅲ部　教育における不平等はいかにして克服が可能なのか？

　ところで、階層的データの分析には、しばしば所属するグループの効果について関心を払うことがある。例えば、恵まれた家庭背景の児童が集まっていたり、学習意欲が高い児童が多かったりする学校（あるいは学級）では、個々のグループ構成員に対しても学習にポジティブな影響があることが考えられる。このようなグループのメンバーシップによる効果に関心がある研究では、文脈モデル（Contextual Model）が広く利用される。そして文脈効果の変数には、個人水準変数のグループ平均が文脈変数として用いられる（Kreft and Leeuw 1998 = 2006、Raudenbush and Bryk 2002）。そこで本章では、学校の特徴をコントロールするために、両親大卒割合の学校平均と学習時間の学校平均をそれぞれ分析モデルに投入する。

　なお、以下の分析では、社会経済的地位（Socio-Economic Status：SES）について、児童レベルと学校レベルを区別して分析モデルに組み込むことにする。これまでの分析にも用いてきた親学歴の変数の呼称を、レベル1では「児童レベルSES」、レベル2では「学校レベルSES」と表記する。

　表8-1には「分析1」のパートで使用する変数の記述統計量を示した。

4　散布図による分析

　ここでは、算数通過率の学校平均値とクラスサイズについて散布図を作成し、学力とクラスサイズのシンプルな関連を確認しておこう。**図8-1**は小学3年生、**図8-2**は小学6年生を対象とした散布図である。それぞれの図には近似線を描いてあるが、図から確認できるように小3と小6では反対の傾向が読み取れる。すなわち、小3では算数通過率とクラスサイズには正の相関関係になっているため、学級規模が大きい学校ほど算数通過率が高いということである。反対に小6では算数通過率とクラスサイズは負の相関関係になっており、学級規模が小さい学校ほど算数通過率が高いことを示している。

　改めて言及するまでもないことだが、ここでの分析は追跡的データである。つまり、同一の個人が所属している集団であるにもかかわらず、クラスサイズと算数通過率の関連が小3と小6で反転しており、それぞれの相関係数は、統計的に有意ではないが、小3で0.223、小6で-0.253となっている。

第 8 章　学校教育は学力格差を是正するか？

表 8-1　マルチレベルモデルに用いる変数の記述統計量

	N	Mean	S.D.	Min.	Max.
Level 1					
小3・算数通過率	1085	50.00	10.00	14.58	67.67
小6・算数通過率	1085	50.00	10.00	25.27	78.11
児童レベルSES（親学歴）					
両親非大卒	1085	0.46	0.50	0.00	1.00
父母どちらか大卒	1085	0.22	0.42	0.00	1.00
両親大卒	1085	0.25	0.43	0.00	1.00
学歴不明	1085	0.07	0.25	0.00	1.00
性別（ref.女子）					
男子	1085	0.52	0.50	0.00	1.00
調査エリア（ref.東北エリア）					
関東エリアダミー	1085	0.53	0.50	0.00	1.00
小3・学習時間	1085	48.55	46.52	0.00	240.00
小6・学習時間	1085	59.47	40.49	0.00	240.00
Level 2					
小3・クラスサイズ	34	26.48	7.76	8.00	37.00
小6・クラスサイズ	34	27.40	8.25	9.00	39.78
小3・学習時間・学校レベル平均値	34	48.24	11.82	26.25	81.43
小6・学習時間・学校レベル平均値	34	59.70	12.51	30.00	91.96
学校レベルSES（両親大卒率の学校レベル平均値）	34	0.21	0.13	0.00	0.53

(JELS)

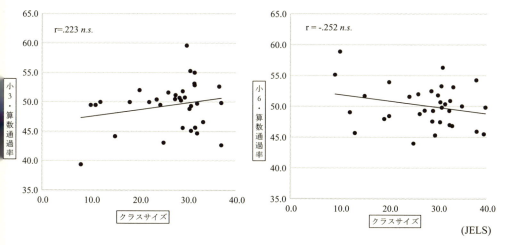

（左）図 8-1　クラスサイズと算数通過率の散布図（小学 3 年生）
（右）図 8-2　クラスサイズと算数通過率の散布図（小学 6 年生）

122　第Ⅲ部　教育における不平等はいかにして克服が可能なのか？

　しかし、これらの散布図では、データをグループで平均化した分析は、クラスサイズの効果が集団単位と個人単位で混濁しているという問題については解決されていない。なぜなら、グループ平均の分散には、グループ単位の分散に加えて児童単位の分散も含まれているためである。また、グループ平均による分析は、1085人分の児童データを34ケースに凝集させており、そこから得られる相関係数は、標準誤差を過剰に大きく見積もることで推定精度を低く見積もってしまう可能性がある（清水 2014）。そこで以下では、マルチレベルモデルによるクラスサイズの効果検証を展開していく。

5　マルチレベルモデルによるクラスサイズ効果の検証

　ここではマルチレベルモデルを用いることで、SES等の変数を統制したクラスサイズの効果を検証していこう。分析結果は、**表8-2**（小3対象）と**表8-3**（小6対象）それぞれに示した通りである。

　分析結果の解釈に先だって、まずは分析表の読み方を確認しておこう。「固定効果」部分のレベル1の独立変数の推定値については、通常の重回帰分析と同様に解釈することができる。つまり、各独立変数が1増加した場合の従属変数の変化量だと読むことができるのである。レベル2の傾きも同様に、独立変数が1増加した場合の従属変数の変化量だと解釈することはできるが、個人に対する効果ではなく、学校平均に対する効果を示しているということには注意されたい。また、切片は全サンプル、全グループに不変の定数ではなく、レベル2の切片を示しているため「切片の切片」ということになる。

　次に、「ランダム効果」部分には、切片の誤差の分散が示されている。ここで示される値はレベル2の誤差項についての統計量である。この数値が大きいほど、算数通過率の学校平均の変動が大きいことになり、かつクラスサイズ等のレベル2変数の固定効果で説明できない分散が大きいことになる。

　それでは、それぞれの分析結果表の解釈に入ろう。表8-2は小3を対象とした分析結果である。モデル1は、レベル1の変数のみを投入し、学校レベルをランダムにせずに個人間の独立を仮定した分析結果である。そのため、提示されている推定値は通常の重回帰分析とほとんど同じである。その結果、

第8章　学校教育は学力格差を是正するか？　　123

児童レベルSESが統計的に有意であるため、親学歴が高い児童ほど数学通過率が高いことがわかる[4]。

　モデル2では、レベル1の変数のみを投入した上で、学校レベルをランダムに仮定している。こうした分析手続きを行った結果、モデルがより当てはまりの良いものになったかどうかを確認するためにモデル間比較の検定を行うのだが、そのための検定手法が尤度比検定 (Likelihood-ratio test) と呼ばれるものである。モデル1とモデル2について尤度比検定を行った結果、0.1％水準で有意差があることがわかる。つまり、算数通過率の予測モデルとしては、児童レベルの独立を仮定するよりも学校レベルでランダムであることを仮定した方がより適切だということがわかる。

　最後に、モデル3はレベル2の変数を投入したモデルである。プラスに有意な効果が確認できるのは、児童レベルSES（父母どちらか大卒$p<.05$、両親大卒$p<.001$）と学校レベルSES（$p<.05$）である。つまり、親学歴が高い児童であったり、親学歴の高い学校に所属していたりする児童は算数通過率が高い傾向にあることが示されている。クラスサイズについては統計的に有意ではないため、小学3年生の算数通過率についてクラスサイズの大小は関係がないということが示されている。

　加えて、モデル2とモデル3の尤度比検定の結果、モデル間に有意差は見られない。よって、ここでの分析では、クラスサイズや学校レベルSESを投入したことで算数通過率の予測モデルが改善されていないことが示唆される。

　次に小学6年生を対象に分析した表8–3の結果の解釈を行っていこう。モデル1の結果を見ると、児童レベルSESに頑健な効果があることは小3と共通している。一方で、学習時間について見ると、小学3年生時点では有意ではなかったが小学6年生では有意になっている。学年が上昇すると、どれだけ勉強したかが学力に反映されやすいことが示唆されよう。

　学校レベルをランダムにしたモデル2の結果では、固定効果の有意水準はほとんど変化していない。しかし、尤度比検定の結果ではモデル1とモデル2の間には統計的な有意差が確認できる。

　最後に、レベル2変数を投入したモデル3であるが、まず尤度比検定の結

表 8-2　算数通過率についてのマルチレベルモデルによる推定結果（小学 3 年生）

固定効果	モデル1 係数	標準誤差	有意確率	モデル2 係数	標準誤差	有意確率	モデル3 係数	標準誤差	有意確率
Level 1									
児童レベルSES (ref.両親非大卒)									
父母どちらか大卒	2.221	0.775	0.004 **	1.808	0.763	0.018 *	1.797	0.763	0.019 *
両親大卒	4.215	0.759	0.000 ***	3.352	0.762	0.000 ***	3.155	0.771	0.000 ***
学歴不明	-0.801	1.227	0.514	-1.369	1.209	0.258	-1.395	1.209	0.249
性別 (ref.女子)									
男子	-0.495	0.597	0.408	-0.647	0.591	0.273	-0.608	0.590	0.303
調査エリア (ref.東北エリア)									
関東エリアダミー	1.135	0.612	0.064 +	0.701	1.134	0.536	-0.527	1.143	0.645
学習時間	0.006	0.006	0.348	0.007	0.006	0.242	0.008	0.006	0.236
Level 2									
クラスサイズ	—	—			—		-0.041	0.084	0.622
学校レベルSES（両親大卒率平均値）	—				—		11.795	4.706	0.012 *
学習時間・学校レベル平均値	—				—		-0.014	0.046	0.762
切片	47.877	0.681	0.000 ***	48.296	0.885	0.000 ***	48.118	2.971	0.000 ***
ランダム効果	推定値	標準偏差		推定値	標準偏差		推定値	標準偏差	
児童レベルの分散	95.620	4.105		90.139	3.934		90.465	3.961	
学校レベルの分散	—	—		6.317	2.547		3.967	2.091	
対数尤度	-4013.556			-3999.5			-3997		
カイ二乗値	48.65			29.85			37.97		
d.f.	6			6			9		
Number of groups	—			34			34		
Number of obs	1085			1085			1085		
Likelihood-ratio test									
Model1 vs. Model2	LR chi2(1) =	28.12							
	Prob. =	0.000 ***							
Model2 vs. Model3	LR chi2(3) =	5.05							
	Prob. =	0.168							

注+$p<.10$ *$p<.05$ **$p<.01$ ***$p<.001$

(JELS)

表 8-3　算数通過率についてのマルチレベルモデルによる推定結果（小学 6 年生）

固定効果	モデル1 係数	標準誤差	有意確率	モデル2 係数	標準誤差	有意確率	モデル3 係数	標準誤差	有意確率
Level 1									
児童レベルSES (ref.両親非大卒)									
父母どちらか大卒	1.942	0.757	0.010 *	1.765	0.750	0.019 *	1.659	0.748	0.027 *
両親大卒	6.298	0.740	0.000 ***	5.523	0.746	0.000 ***	5.212	0.757	0.000 ***
学歴不明	-1.257	1.200	0.295	-1.359	1.188	0.253	-1.538	1.183	0.194
性別(ref.女子)									
男子	-0.372	0.585	0.525	-0.484	0.582	0.405	-0.359	0.578	0.535
調査エリア(ref.東北エリア)									
関東エリアダミー	-0.978	0.604	0.105 +	-1.529	0.952	0.108	-2.250	0.870	0.010 *
学習時間	0.029	0.007	0.000 ***	0.029	0.007	0.000 ***	0.029	0.007	0.000 ***
Level 2									
クラスサイズ	—	—		—	—		-0.159	0.060	0.008 **
学校レベルSES (両親大卒率平均値)	—	—		—	—		14.618	3.157	0.000 ***
学習時間・学校レベル平均値	—	—		—	—		-0.016	0.031	0.602
切片	47.089	0.764	0.000 ***	47.627	0.884	0.000 ***	50.448	2.485	0.000 ***
ランダム効果	推定値	標準偏差		推定値	標準偏差		推定値	標準偏差	
児童レベルの分散	91.431	3.925		87.611	3.814		88.054	3.844	
学校レベルの分散	—	—		3.675	1.663		0.611	0.911	
対数尤度	-3989.25			-3979.2			-3972.0		
カイ二乗値	4 100.59			81.97			9 117.61		
d.f.	6			6			9		
Number of groups				34			34		
Number of obs	1085			1085			1085		

Likelihood-ratio test		
Model1 vs. Model2	LR chi2(1)=	20.11
	Prob.　　=	0.000 ***
Model2 vs. Model3	LR chi2(3)=	14.21
	Prob.　　=	0.003 **

注)+p<.10 *p<.05 **p<.01 ***p<.001

(JELS)

果を確認すると、モデル2との対比においてモデル間に統計的な有意差が認められる。つまり、小6ではレベル2の変数を投入することによってモデル適合度が有意に改善しているのである。それではレベル2変数それぞれの固定効果を確認しよう。学校レベルSESが0.1％水準でプラスに有意なので、親学歴の高い学校に所属する児童の算数通過率が高いことを意味している。そしてクラスサイズの効果であるが、1％水準でマイナスに有意である。これはクラスサイズが小さいほど算数通過率が高くなることを意味している。よって、クラスサイズ縮小による学力改善へのポジティブな効果が確認できたといえよう。

6 学校レベルSES別に分析したクラスサイズの効果検証

　ここでは、先の表8-3の結果を踏まえ、学力のSESによる不平等に対してクラスサイズに効果があるかどうかについて分析していく。分析に際しては、先に用いた学校レベルSESを上位50％と下位50％で2群に分割し、それぞれのグループでマルチレベルモデルによる分析を行い、クラスサイズの効果を検証する。

　表8-4の結果を見ると、学校レベルSESが低い学校に通う児童においてクラスサイズの係数推定値がマイナスで統計的に有意となる（p<.01）。その一方で、学校レベルSESが高い学校の児童においてはクラスサイズの効果が統計的に有意ではないことが確認できる。この結果は、社会経済的に恵まれない背景の児童が多く通う学校に対してこそクラスサイズが小さいことにポジティブな効果が認められることを示すものである。

3 分析2：クラスサイズによる学力推移の検証

1 分析戦略

　ここでの分析に用いるデータは、第3章から第7章までに用いてきた学力パネルデータに小学3年生時点の学校に関する情報を接続したものである。

　ここで使用する変数は、小6の学校データを使わないことを除いて以上の

表8-4 学校レベルSESによってサンプルを分割したマルチレベルモデルによる推定結果（小学6年生）

固定効果	低SES学校			高SES学校		
	係数	標準誤差	有意確率	係数	標準誤差	有意確率
Level 1						
児童レベルSES（ref.両親非大卒）						
父母どちらか大卒	1.025	1.010	0.310	2.238	1.118	0.045 *
両親大卒	6.031	1.182	0.000 ***	5.134	1.009	0.000 ***
学歴不明	-2.638	1.588	0.097 +	-0.352	1.771	0.842
性別（ref.女子）						
男子	-0.381	0.800	0.634	-0.425	0.835	0.611
調査エリア（ref.東北エリア）						
関東エリアダミー	-2.056	0.947	0.030 *	0.512	1.566	0.744
学習時間	0.026	0.011	0.012 *	0.030	0.010	0.004 **
Level 2						
クラスサイズ	-0.223	0.064	0.000 ***	0.058	0.123	0.638
学習時間・学校レベル平均値	-0.040	0.029	0.169	0.080	0.110	0.469
切片	55.947	2.680	0.000 ***	40.773	6.513	0.000 ***
ランダム効果	推定値	標準偏差		推定値	標準偏差	
児童レベルの分散	84.114	5.100		90.922	5.584	
学校レベルの分散	0.000	0.000		1.077	1.273	
対数尤度	-1977.455			-1990.069		
カイ二乗値	62.43			41.95		
d.f.	8			8		
Number of groups	19			15		
Number of obs	544			541		

注）+p<.10 *p<.05 **p<.01 ***p<.001

(JELS)

128　第Ⅲ部　教育における不平等はいかにして克服が可能なのか？

「分析1」パートで用いたものと同様である。

　分析手法には、成長曲線モデルを用いる。ただし、ここでの分析では小3時点の学校データが接続されているため3レベルの成長曲線モデルとなる。すなわち、学力、学習時間などの時間とともに変化する変数を「レベル1」、性別や親の学歴のように時間とともに変化しない変数を「レベル2」、学校ごとの情報を「レベル3」に設定する。これにより、個人レベルでの学力の変化について、児童生徒レベルSES、学校レベルSESや学習時間などの要因をコントロールした上でのクラスサイズの効果が検証することが可能となる。

　表8-5には「分析1」のパートで使用する変数の記述統計量を示した。

表8-5　成長曲線モデルに用いる変数の記述統計量

	N	Mean	S.D.	Min.	Max.
Level 1（児童生徒レベルで時間とともに変化する変数）					
算数・数学通過率	3255	50.00	10.00	14.58	78.11
学習時間	3255	69.41	55.63	0.00	240.00
調査Wave	3255	1.00	0.82	0.00	2.00
Level 2（児童生徒レベルで時間とともに変化しない変数）					
親学歴					
両親非大卒ダミー	1085	0.46	0.50	0.00	1.00
父母どちらか大卒ダミー	1085	0.22	0.42	0.00	1.00
両親大卒ダミー	1085	0.25	0.43	0.00	1.00
学歴不明ダミー	1085	0.07	0.25	0.00	1.00
男子ダミー	1085	0.52	0.50	0.00	1.00
関東エリアダミー	1085	0.53	0.50	0.00	1.00
Level 3（小3時点での学校レベルの変数）					
クラスサイズ（連続変数）	34	26.48	7.76	8.00	37.00
クラスサイズ（カテゴリカル変数）					
20人以下	34	0.21	0.41	0.00	1.00
21人以上30人未満	34	0.38	0.49	0.00	1.00
31人以上	34	0.41	0.50	0.00	1.00
学校レベルSES（両親大卒率の学校レベル平均値）	34	0.21	0.13	0.00	0.53
学習時間・学校レベル平均値	34	48.24	11.82	26.25	81.43

（JELS）

2　成長曲線モデルによるクラスサイズの効果検証

　成長曲線モデルによる分析結果が**表8-6**である。まずはクラスサイズを連続変数で投入したModel1を確認しよう。特に表中の網かけ部分を注目してほしい。

第8章　学校教育は学力格差を是正するか？　　129

表8-6　成長曲線モデルによるクラスサイズの効果検証

固定効果	モデル1			モデル2		
	係数	標準誤差	有意確率	係数	標準誤差	有意確率
学力の初期値への効果						
切片	48.741	2.749	0.000 ***	47.356	3.132	0.000 ***
学校レベル変数の効果						
クラスサイズ（連続変数）	-0.046	0.093	0.626	—		
クラスサイズ（ref.31人以上）						
20人以下	—			1.325	1.782	0.463
21人以上30人未満	—			0.502	0.902	0.582
学校レベルSES	13.056	3.936	0.002 **	12.171	3.759	0.003 **
学習時間（学校レベル）	-0.033	0.056	0.564	-0.034	0.054	0.524
児童生徒レベル変数の効果						
児童生徒レベルSES（ref.両親非大卒）						
父母どちらか大卒	1.689	0.680	0.013 *	1.685	0.682	0.014 *
両親大卒	3.508	0.667	0.000 ***	3.510	0.665	0.000 ***
学歴不明	-1.695	0.946	0.073 +	-1.659	0.939	0.078 +
性別（ref.女子）						
男子	-0.659	0.656	0.315	-0.629	0.656	0.338
調査エリア（ref.東北エリア）						
関東エリアダミー	-0.912	0.909	0.316	-0.860	0.891	0.335
学年の傾きへの効果						
切片	-0.370	1.748	0.834	-0.628	1.795	0.729
学校レベル変数の効果						
クラスサイズ（連続変数）	-0.003	0.046	0.952	—		
クラスサイズ（ref.31人以上）						
20人以下	—			0.845	0.708	0.243
21人以上30人未満	—			-0.784	0.494	0.123
学校レベルSES	0.187	2.247	0.934	1.064	2.035	0.605
学習時間（学校レベル）	0.004	0.034	0.912	0.008	0.032	0.799
児童生徒レベル変数の効果						
児童生徒レベルSES（ref.両親非大卒）						
父母どちらか大卒	0.354	0.349	0.311	0.362	0.350	0.301
両親大卒	0.928	0.330	0.005 **	0.931	0.330	0.005 **
学歴不明	0.706	0.381	0.064 +	0.734	0.373	0.049 *
性別（ref.女子）						
男子	0.207	0.335	0.538	0.238	0.334	0.476
調査エリア（ref.東北エリア）						
関東エリアダミー	-1.154	0.515	0.025 *	-1.236	0.501	0.014 *
学習時間（児童生徒レベル）	0.015	0.003	0.000 ***	0.015	0.003	0.000 ***
ランダム効果	分散成分	標準偏差	カイ二乗値	分散成分	標準偏差	カイ二乗値
レベル1とレベル2の分散成分の推定値						
レベル1の切片, r_0	55.704	7.463	3019.367 ***	55.498	7.450	3019.877 ***
学年の傾き, r_1	3.312	1.820	1244.935 ***	3.272	1.809	1244.966 ***
level-1, e	35.443	5.953		35.437	5.953	
レベル3の分散成分の推定値						
レベル1の切片／レベル2の切片, u_{00}	3.195	1.787	73.958 ***	3.505	1.872	74.939 ***
学年の傾き／レベル2の切片, u_{10}	1.252	1.119	93.011 ***	1.097	1.047	83.833 ***
N	1085			1085		

注）+p<.10 *p<.05 **p<.01 ***p<.001
(JELS)

130　第Ⅲ部　教育における不平等はいかにして克服が可能なのか？

　切片について学校レベル変数の効果を見ると学校レベルSESが1％水準で統計的に有意である。つまり、両親大卒率の高い学校に通う児童生徒ほど学力の初期値が高い傾向にあることを意味している。しかしクラスサイズには有意な効果が観測されないことも同時に把握できる。

　次に、傾きについて学校レベル変数の効果を見ると、こちらは統計的に有意な学校レベル変数は皆無である。

　また児童生徒レベルSESの効果を見ると、これまでの分析とは、当然であるが整合的であり、両親大卒の児童生徒の学力は初期値から高く、その後も両親大卒の児童生徒ほど学力が伸びていくことがわかる。統制変数として統制しているが、学習時間は0.1％水準で有意であり、家での学習時間が多い児童生徒ほど学力が高くなることもわかる。

　またModel2は、クラスサイズが20人を下回るあたりで教育効果が顕著に伸びる、というGlass et al. (1982)の知見を受け、クラスサイズを規模ごとにカテゴライズした効果を検証するための分析である。しかし、結果を見ればわかる通り、カテゴライズしたクラスサイズであっても切片にも傾きに対しても統計的に有意な効果は観測できなかった。

4　まとめ

　本章ではマルチレベルモデルと成長曲線モデルを用いた分析から、クラスサイズの効果の有無について検討してきた。以上の知見より、クラスサイズが学力に与える効果は、①学力の水準差については部分的だが認められるものの、②学力の初期値と個人内変化についてはほとんど効果がない、という2点に結論づけることができるだろう。

　まずは水準差についてであるが、クラスサイズの効果が小学3年生では確認できない一方で、小学6年生では認められるという点は改めて強調しておきたい。同時に、小学6年生に対するクラスサイズの効果が、低SES学校に対してこそ有意であったことも重要な知見である。クラスサイズを縮小することの効果が、不利な家庭に生まれた子どもに対してより大きな効果をもつ

という結果は、日本でこれまでに蓄積されてきたいくつかの研究と整合的である（耳塚・中西 2015、妹尾・北條 2016）。

　クラスサイズによる学力の水準差について、さらに強調すべき知見は、本書で用いているデータが、同一集団への時系列的なデータであるため集団を構成する児童は変わっていないという点である。つまり、本章の分析で見られたクラスサイズの効果の学年間の違いは、構成児童の変化ではなく、同一の児童が構成する集団であるため、シンプルな学年の上昇による影響だということである。

　次に、小学校低学年で少人数学級に所属していることは、学力の初期値と変化に効果を及ぼさなかった。はじめに詳述したが、アメリカのSTARプロジェクトでは、少人数クラスの効果は、少人数クラスへの在籍が早く、その在籍期間が長いほど大きかったという（惣脇 2012）。こうしたアメリカでの知見は、本章での成長曲線モデルによる分析の結果とは異なっている。こうした結果の相違はどのように受け止めるべきだろうか。

　すでに述べたように、義務教育標準法によって、日本の学級編成の基準は1学級の上限人数が40人（小学1年生は35人）と設定され、教職員の配置は、学級数によって定められる学校規模を基礎として行われる。つまり、学級という集団単位で教育資源を平等に配分する教育システムである（苅谷 2009b）。しかし、学力の水準差についての分析では、家庭背景に恵まれない児童が多い学校においては、クラスサイズが小さいほど学力に対してポジティブな効果が見られた。よって、教育政策の公平性の観点からの主張は、クラスサイズは一律に決められるべきではなく、傾斜的に調整されるべきなのかもしれない。むろん、本章の分析結果と整合的でない先行研究もあるわけだが（Akabayashi and Nakamura 2013）、データや手法を交えつつ詳細な検証については今後の課題となり、これこそがまさにクラスサイズ・パズル（Bosworth and Frank 2007）ということになる。

　最後にひとつ述べておきたいのは、本章の分析（例えば、表8-3）が示したように、学力の学校間の分散は、児童生徒間の分散に比べてはるかに小さいということである。つまり、児童の学力の分散の多くは家庭背景要因などで説

明され、学校要因によって説明される部分が少ないということである。それゆえに、クラスサイズの効果が統計的に有意であったからといって、その効果を過大に期待することはできないことは理解しておく必要はある。

注

1　中学3年生 (2009-10年調査) には学校・教員調査を実施していない。

2　本書でこれまでにも用いてきた成長曲線モデルもマルチレベルモデルの1つではあるが、ここでの分析では個人レベルと学校レベルの階層的データ (Clustered Data) を分析するためにマルチレベルモデルと表記することにする。

3　マルチレベルモデルの実行には、Stata ver.14を用いた。なお、Stataによるマルチレベルモデルの実行については、石黒 (2014) に詳しい。

4　調査エリアダミーも10%水準で有意傾向であるが、統制変数として投入しているため以下の分析でも解釈を記述しない。

終章　教育における不平等をどのように是正していくか

1　知見の要約

　本書では、6年間で3度実施された学力のパネルデータを詳細に分析することで、日本の学力格差がどのような推移を辿るのかを明らかにしてきた。第1章で設定した分析課題に対し、これまでの分析が明らかにしてきた知見は以下のように要約できる。

　第一に、社会階層研究については、①学力の不平等は早期に形成されること、②初期に獲得された学力は、次の段階の学力と強い相関関係にあること、③そして、早期に形成された不平等は、学年の上昇とともに拡大することが明らかにされた。

　第二に、教育格差におけるジェンダー研究については、①本書で用いたデータにおいては、学力に男女間の不平等は見られないこと、②理数系教科（算数・数学）の選好度は、出身社会階層や学力をコントロールしても性別による差異が頑健であることが明らかになった。本書で用いた学力データが算数・数学であることを踏まえれば、女子は高いスコアを獲得していたとしても、算数・数学スコアが低位な男子程度しか算数・数学が好きではない、ということも明らかになった。

　第三に、学習時間の効果検証を通じて日本型メリトクラシー神話の実態を明らかにした。計量経済学における固定効果モデルおよびランダム効果モデルを用いた分析の結果、学習時間が学力に与えるロバストな効果は示された。しかし一方で、その効果は社会階層によって異なる。具体的にいえば、相対的に低い出身社会階層の児童生徒の学習時間の効果は、高い社会階層の児童

134

生徒に比べて低い効果に留まるということが明らかになった。

第四に、親の関わり研究についてであるが、本書ではPI効果の指標として本の読み聞かせ経験の有無を用いた。成長曲線モデルによる分析の結果、本の読み聞かせ経験は学力の初期値に対してのみ有意な効果が示された。そしてこの結果を踏まえ、本の読み聞かせ経験の効果について、傾向スコア・マッチングによる検証を行った結果、本の読み聞かせ経験には学力の初期値に対してポジティブな効果が頑健に存在することを示すことができた。

第五に、クラスサイズに注目しつつ、学校教育システムによる不平等の是正の可能性を検討した。その結果、クラスサイズが学力格差に与える効果は極めて限定的だという分析結果が得られた。とりわけ、本書で使用したデータに関する限りは、初期段階(小3)でのクラスサイズの大小は、学力の初期値にも継時的変化にも影響していなかった。この点においては、アメリカのSTARプロジェクトの成果とは異なった知見が得られたことになる。

以上のように分析結果を要約すると、教育における不平等が形成される時期は早期であること、そして不平等は義務教育段階を通じて縮小されることを期待することが難しい、ということである。本人や家庭における努力といった要因は不平等克服の「カギ」として強調されることがある。しかし本書の分析を通じて示してきた知見は、学力の不平等にせよ文理選択の男女間格差にせよ、日本の不平等は我々が認識できる状態にまで顕在化するよりはるか以前に生み出されていることを示唆している。そして、そうした不平等を克服することは学齢期の努力では難しいということになるだろう。

しばしば、不平等の克服についての研究は、構造的な不平等から予測される教育達成を上回った僅かな児童生徒や教育実践を見本にして、そこに不平等克服の「カギ」を見つけようとする。その試み自体に批判はないのだが、本書の分析が明らかにしたように、学力の不平等は小学3年生から形成され、学年の上昇とともに拡大する。第3章(表3–3)で示したように、小学3年生時点で学力低位だった児童生徒が、中学3年生で学力高位になったのは全体の4.42%で、1085人中の48人である。このわずか4.4%をモデルケースとして初期的学力の不利克服の「カギ」にして全体に当てはめようとするのは無理が

終章　教育における不平等をどのように是正していくか　135

ある。確かに、学校教育システムをより充実させ、より効果的にしていくべきだという議論はありうるだろう。しかし、初期的に形成され、学年の向上とともに拡大する不平等を学校教育システムの中でいかに是正できるのかということになると極めて難しい。それゆえに、学校教育の中で不平等の是正に向けた介入を検討すると同時に、初期的な不平等を抑えるような介入もすべきだろう。

2　知見から得られる政策的インプリケーション

1　早期介入の重要性

　ここで改めて、人生の初期における不平等が蓄積されていくプロセスを社会学的にとらえるための理論的枠組みとして石田（2017）が示した「格差の連鎖・蓄積」という概念に戻って本書で得られた知見を振り返っておこう。**図 9-1** は、本書冒頭で示した学力格差の蓄積・拡大のモデル図であり、**図 9-2** は第 3 章で示した学力格差の分析結果である。これらの図を見比べると、日本の学力格差の実態は、スタート地点での不平等が時間とともに拡大していく「格差の蓄積・拡大」（**図 9-1b**）に当てはまることがわかる。

　こうした学年の上昇にともなう学力格差の拡大を是正に向けて、本書の分析の結果からは、幼少期における親の本の読み聞かせ経験が学力に対してポジティブな効果があることを明らかにした。繰り返しになるが、本書が意図することは、この知見をもって「親の努力」を奨励することではない。そうではなく、不平等の縮小に向けた有効な政策的介入のタイミングやコンテンツは、幼少期において子どもの文化的環境を整えることだ、ということを示すことに本書の目的がある。それゆえに、この知見を踏まえ、就学前環境の重要性についてのインプリケーションを述べていく。

　近年、社会的な不平等を縮小するための手段は、就学前教育が効果的であり、学校教育に対して過剰な期待をすべきではないと主張されることがある。Esping-Andersen（2006 = 2012）は、子どもの教育的不平等を生成する決定的なメカニズムは義務教育参入以前に集中しているため、政策的に揃える

べき条件は、子どもの「経済的環境」と同様に「文化的環境」こそが重要であると主張している。本書では、厳密な意味では、「経済的環境」と「文化的環境」の区別をした分析を行ったわけではないが、少なくとも、介入のタイミングは早期であるべきだということが示されたといえよう。

近年では、Heckman(2006)の研究を受け、日本でも就学前教育の重要性を主張する教育社会学者が増えつつある。例えば、Hamano(2010)は、日本の子どもの学力格差は4歳から確認されると指摘している。また、山田(2015)は、学力格差是正の国際比較から、「効果のある」取り組みとしての就学前教育の必要性を指摘する。ただし、当然「就学前教育を行えば全てがうまくいく」という単純な話ではなく、「どのような就学前教育が効果的か」という議論が必要になる（山田 2015、pp.221-223）。

さらに、理数系教科（算数・数学）の選好度の男女差を是正するための介入もまた、学齢期では難しいだろう。本書の分析が示したように、学齢期の理数系教科選好度に早期から男女差があるのならば、学校教育入学以前に何かしらの介入があっても良いのかもしれない。

2　就学前教育の効果と費用対効果

以上のように、日本の教育における不平等は早期に形成されることが示された。本書では、こうした不平等を縮小するための政策的介入には子どもの就学前環境を整えることが重要だといわれている。本節では、なぜ子どもの就学前環境を整えることが重要なのかを論じておこう。

Heckman(2008)は、幼少期の環境の重要性について、次のように指摘している。まず、子どもの能力の不平等は、子どもの人生の早期に拡大する。幼い子どもの家庭環境は、認知的および社会情緒的能力の主要な規定要因であり、それらは犯罪や健康状態の悪化といった様々な結果をもたらす。不利な家庭環境の子どもへの早期介入は教育的アウトカムに対してポジティブな効果がある。ゆえに、もし社会が早期に十分な介入ができれば、認知的および社会情緒的能力や健康状態の危機に瀕している子どもを改善できるだろう、というのである。

終章　教育における不平等をどのように是正していくか　137

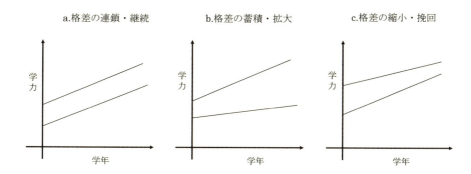

図 9-1　学力格差の連鎖・蓄積に関する3類型のモデル図（図序 -1 の再掲）

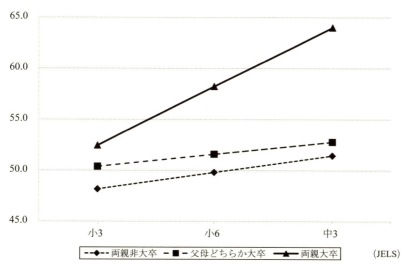

図 9-2　本書が明らかにした学力格差の様相（図 3-12 の再掲）

加えて、就学前教育の効果は、人生全般において長期的に継続することは複数の研究によって示されている (Sylva et al. 2010、Heckman 2008、2013＝2015、浜野 2015)。本書の分析結果に加え、こうした一連の海外の研究を踏襲すれば、「子どもの幼少期を豊かにする」というスローガンは単なる情緒的なレトリックではなく、有意義な教育政策であると主張できるだろう。

　また、就学前での子どもへの介入は、費用便益の点でもコストに比して高いリターンがあると見積もられている (Heckman 2008)。教員ひとりあたりの児童生徒比率(ST比)の改善、公的な職業訓練、有罪者へのリハビリプログラム、大人への識字訓練プログラム、追加的な教育補助金、警察への支出といった、現存する他のプログラムによる人生の遅い時期での介入以上に高い経済的リターンがあるとされている。図 9-3 がそのモデル図であるが、要するに、就学前における投資は、卒業後での投資よりもはるかに高いということを表しているということである。

　例えば、学校教育における介入として少人数学級展開の是非についてしばしば議論されることがある (Glass et al. 1982、山崎編 2014b、Akabayashi and Nakamura 2013)。少人数学級が学力向上にプラスかどうかは、本書の分析からもわかる

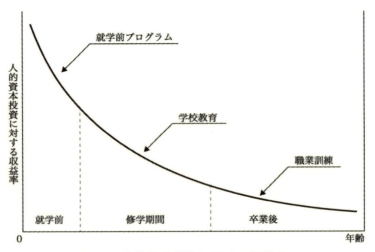

図 9-3　人的資本投資に対する収益率
　　　　　　　　　注　Heckman (2006) より引用

ように「パズルのピース」のように知見が一貫していない。また本書の分析でも示した通り、少人数学級の効果がポジティブなものであったとしても決して大きくないことに加え、その費用対効果が極めて悪いことが指摘されている（中室 2015）。費用対効果の点から見ても、就学前教育を充実させることは効果的だとされている。

　日本政府の財政支出の教育費への配分は世界的に最低レベルで、教育費の家計負担が非常に重い。初等・中等教育では OECD 平均を上回るものの、高等教育と就学前教育は著しく家計に依存している状態である（中澤 2014b、2015、山野 2014）。OECD (2009) の *Doing Better for Children* においても、日本政府は幼少期にある子どもの人生のスタートラインを保証するために大幅に教育費を増やすべきであり、同時に、高等教育段階への支出も増やすべきだと指摘している。

3　学校教育ができることの限界と期待

　教育における不平等に対し、学校教育がどのように貢献できるのかについては、これまでにも膨大な議論の蓄積がある。例えば、Coleman et al. (1966) や Jencks et al. (1972 = 1978) は、不平等の是正に対して極めて限定的な役割しか果たせないと指摘したことがよく知られている。そして、こうした構造的に生み出される不平等に対し、それらを克服している学校およびその特徴を探求するという試みも生まれた（Edmonds 1979、1986）。日本でも「効果のある学校」を探求し、そこではどのような教育実践が行われ、学校の「効果」が発揮されているのかを調べるという研究は多い（鍋島 2003、志水編 2009 など）。

　しかし、そうした試みの結果、「子どもの家庭背景による不平等よりも、学校の影響の方が大きかった」という知見が示された前例はほとんど見られない。学校は社会システムの一部にすぎないため、その社会の規範や規則、影響の支配下に置かれる。それゆえに、「効果のある学校」が果たせる役割についても、「ある程度までは」と限定的なものであると認識する必要がある（Mortimere 1997 = 2005）。教育が単独でできることは極めて限られており、教育外の様々な条件や環境が整うことでより効果が発揮されるということを

取り違えてはならない（Levin and Carolyn 1997 = 2005）。

とはいえ、学校教育においても教育実践として出来ることはあるだろう。具体的には、第8章の知見を踏まえ、高学年に対するクラスサイズの縮小の必要性を提言したい。クロスセクションデータの分析に留まるものの、教育の不平等是正に対するクラスサイズの効果が、高学年ほど有意な知見となりやすいことは、日本の研究ではしばしば散見される。例えば、耳塚・中西（2015）は、全国学力・学習状況調査のデータ分析から、クラスサイズの効果が小学6年生よりも中学3年生の方が観測されやすいことを示している。本書の第8章では、小学3年生と小学6年生を対象とした分析でも、小6の方がクラスサイズの効果が有意に観測された。これは、おそらく学年が上昇するほど学習内容が難しくなるために、小規模クラスの方が「充実した」学習環境が提供できているためだと考えることができよう。日本の教育現場では、児童生徒に対して「平等な処遇」を与えることが目指され、家庭背景に応じた異なる処遇が差別感の温床となるとされている（苅谷 1995、2009b など）。本書第5章の分析より、不利な家庭にある子どもは、恵まれた家庭背景の子どもに比べて、努力（学習時間）が量的に同じであっても、「効率的」に学力を獲得していくことが難しいことが明らかになった。それゆえに、子ども達の努力（学習時間）がより適切に学力に変換されるような学習サポートが、特に高学年に対してあっても良いかもしれない。

また、女子の文理教科の選好度の早期分化についてであるが、諸外国では、専攻分野の男女間の差異が縮小するための教育プログラムが存在しているという（Sue and Carol 1988 = 1997、村松編 1996 など）。本書が示したように、生まれに由来する不平等があるならば、こうした社会階層や性の差異といった視点から教育プログラムの取り組みが検討されても良いのかもしれない。

むろん、これらの学校に対する期待は、決して過剰であってはならない。しかしその一方で、学校が「役に立たない」と言い切るのも間違いであろう。なぜなら、もし現代社会が学校教育の全く存在しない社会であれば、人々の不平等はもっと深刻になる可能性もあるかもしれないからだ。このようなバランスを重視しながら、就学前教育や学校教育が貢献しうる機能について研

終章　教育における不平等をどのように是正していくか　141

究を深めていく必要があるだろう。

4　本書から漏れ伝わってしまう危惧

　本書は教育のパネルデータ分析の結果を根拠にしつつ就学前教育や学校での
ターゲットプログラムの重要性を主張してきた。その一方で、以下の点も
同時に強調しておきたい。

　第一に、ここまでにも繰り返し述べてきたが、本の読み聞かせが子どもの
学力に効果的であったという知見を提示したのは、親の努力に依拠した「正
しい」子育てスタイルや教育戦略を示し、親（特に母親）の育児不安を「煽る」
ことを目的としたものではない。本書の知見を子どもの文化的環境を整える
ための公的なサポート（就学前教育の充実など）をどのようにすべきかを検討す
るための資料として位置づけてもらえることを期待する。

　第二に、限界を意識しつつも、就学前教育や学校教育の重要性を述べたが、
そうしたプログラムは、教育政策においてどのように展開していくかを検討
すべき事柄である。決して、親（特に母親）や教師の使命感、努力、気遣いな
どといった個人化された実践を強調するような議論にしてはならない。

3　残された課題

　最後に今後の課題を記述しておこう。まず、本書のデータでは調査された
学力の「初期値」というのは小学3年生であるため、もっと低学年あるいは
小学校入学以前の「学力」データを分析する必要があるだろう。加えて、本
書の分析では、学校教育に関してはクラスサイズ効果の検証の一側面を行っ
たに過ぎない。今後は、学校教育の効果についても吟味されるべきであろう。

　また、用いたデータの収集の点でも課題がある。計量分析は、信頼性の
高い標本抽出が行われ、それを用いることで分析結果を一般化することが可
能となる。本書のデータはナショナルサンプリングではなく、あくまでモノ
グラフデータであることに加えて脱落サンプルも多かった。統計分析につい
ても残した課題はある。例えば、海外の追跡調査を見ると、学力スコアの分
析には単純な正答率ではなく、項目反応理論（Item Response Theory:IRT）という

142

　手法によって補正したスコアを用いるものも散見される。こうした課題があるゆえに、本書の分析結果をどこまで一般化して良いのかという点で課題が残る。

　そして、最も大きな課題であるが、介入すべき児童生徒を特定できたわけではないことである。本書の分析の多くは、両親の学歴を大卒／非大卒でカテゴライズした変数を児童生徒の家庭背景として用いた。社会階層は、本来もっとグラデーションを描くことに加え（本田 2008）、子どもの貧困もかなりバリエーションが豊富である（阿部 2008）。そのため、本書が示すことができたのは、漠然とした学力と社会階層の様相であるため、具体的にどのような児童生徒をターゲットにすべきなのかを明らかにすることはできなかった。しかし、Heckman(2008) によれば、就学前教育のターゲッティングにおいて、親の財力や学歴を適切に測定する必要はなく、子育ての「質」は、必ずしも親の財力や学歴とリンクしているわけではないという。こうした指摘を踏まえれば、家庭環境に関する子どもの主観的な意識が測定できれば有益なターゲッティングが可能となるかもしれない。

　これ以外にも、本書にはまだまだ課題が多い。しかし、文部科学省が家庭背景による教育の不平等を大きく公表する時代において、本書のような分析結果が足掛かりになり、今後の教育の不平等についての精緻な分析や介入が検討されていくことになれば、本書には一定の意義があると考える。

引用・参考文献

阿部彩、2008、『子どもの貧困―日本の不公平を考える』岩波新書。

阿部彩、2014、『子どもの貧困II―解決策を考える』岩波新書。

赤林英夫・中村亮介・直井道生・敷島千鶴・山下絢、2010、「子どもの学力には何が関係しているか―JHPS子ども特別調査の分析結果から」Joint Research Center for Panel Studies, DP2010-009 (http://www.pdrc.keio.ac.jp/2010-009.pdf、2016年3月18日取得)。

Akabayashi Hideo and Ryosuke Nakamura, 2013, "Can Small Class Policy Close the Gap?: An Empirical Analysis of Class Size Effects in Japan", *Japanese Economic Review* Vol. 65, Issue 3, pp.253-281.

赤林英夫・直井道生・敷島千鶴編、2016、『学力・心理・家庭環境の経済分析―全国小中学校の追跡調査から見えてきたもの』有斐閣。

天野正子、1988、「『性 (ジェンダー) と教育』研究の現代的課題」『社会学評論』Vol. 39 (1988) No. 3、pp.266-283。

ベネッセ教育総合研究所、2008、『学習基本調査・国際6都市調査 [2006年〜2007年]』(URL: http://berd.benesse.jp/shotouchutou/research/detail1.php?id=3213、2015年9月29日取得)。

ベネッセ教育総合研究所、2013、『小学生の計算力に関する実態調査 2013』(URL: http://berd.benesse.jp/shotouchutou/research/detail1.php?id=3678、2015年9月29日取得)。

Bernstein, Basil, 1978, Class Codes and Controls: Volume 3, *Towards A Theory of Educational Transmission, 2nd Edition*, Routledge (= 1985, 萩原元昭訳『教育伝達の社会学―開かれた学校とは』明治図書)。

Bosworth, Ryan and Frank Caliendo, 2007, "Educational production and teacher preferences" *Economics of education Review* Vol. 26(4), pp.487-500.

Boudon Raymond, 1973, *L'inégalité des Chances: La mobilité sociale dans les sociétés industrielles*, Armand Colin (= 1983、杉本一郎・山本剛郎・草壁八郎訳『機会の不平等―産業社会における教育と社会移動』新曜社)。

Bourdieu, Pierre, 1979, *La Distinction, Critique Sociale du Jugement,* Éditions de Minuit (= 1990、石井洋二郎訳『ディスタンクシオン―社会的判断力批判― I ・ II 』藤原書店)。

Bourdieu, Pierre et Jean-Claude Passeron, 1964, *Les Héritiers : Les étudiants et la culture,* Les Editions de Minuit (= 1997、石井洋二郎監訳『遺産相続者たち―学生と文化』藤原書店)。

Bourdieu, Pierre. et Jean-Claude Passeron, 1970, *La Reproduction Éléments pir une théorie du système d'enseignement*, Editions de Minuit (= 1991、宮島喬訳『再生産―教育・社会・文化―』藤原書店)。

Brand, Jennie E. and Yu Xie, 2010, "Who Benefits Most from College? Evidence for Negative Selection in Heterogeneous Economic Returns to Higher Education" *American Sociological Review* Vol. 75, No. 2, pp. 273-302.

Brinton, Mary. C., 1993, *Women and the Economic Miracle: Gender and Work in Postwar Japan, Berkeley,* University of California Press.

Brown, Phillip, 1990, "The 'Third Wave': Education and the Ideology of Parentocracy," *British Journal of Sociology of Education* Vol.11 (1), pp.65-86.

Brown, Phillip, 1997, "Cultural Capital and Social Exclusion: Some Observations on Recent Trends in Education, Employment, and the Labour Market." In A.H. Halsey, H. Lauder, P. Brown and A.S. Wells (Eds.) *Education: Culture, Economy, and Society,* Oxford Univ. Press (＝ 2005、「文化資本と社会的排除」住田正樹・秋永雄一・吉本圭一編訳『教育社会学—第三のソリューション—』九州大学出版会、pp.597-622)。

Carneiro, Pedro and James, J. Heckman, 2004, "Human Capital Policy" J. J. Heckman and A. B. Krueger, 2004, *Inequality in America: What Role for Human Capital Policies?* , The MIT Press, pp.77-239.

千葉県検証改善委員会、2008、『平成19年度「全国学力・学習状況調査」分析報告書』(http://www.p.u-tokyo.ac.jp/kikou/chiba/chiba.pdf、2016年3月18日取得)。

Cheadle, Jacob E., 2008, "Educational Investment, Family Context, and Children's Math and Reading Growth from Kindergarten through the Third Grade," *Sociology of Education* 81(1): 1-31.

Cicourel, Aaron V. and John Kitsuse I., 1963, *The Educational Decision-Makers*, Tuttle-Mori Agency, Inc (=1985、山村賢明・瀬戸知也訳『誰が進学を決定するか』金子書房).

Coleman, James, S. et al., 1966, *Equality of Education Opportunity*, U.S. Government Printing Office.

Domina Thurston, 2005, "Leveling the Home Advantage: Assessing the Effectiveness of Parental Involvement in Elementary School", *Sociology of Education* Vol. 78 No. 3, pp.233-249.

Edomonds, Ronald R., 1979, "Effective Schools for the Urban Poor" *Educational Leadership* Vol. 37, pp.15-24.

Edomonds, Ronald R., 1986, "Characteristic of Effective Schools" Ulric Neisser (Eds.) *The School Achievement of Minority Children*, Lawrence Erlbaum Associates Inc, pp.93-104.

Esping-Andersen, G., 2006, "Social Inheritance and Equal Opportunity Policies", In Hugh, Lauder, Phillip, Brown, Jo-Anne, Dillabough and A. H. Halsey, (Eds.), *Education, Globalization, & Social Change,* Oxford Univ. Press (＝ 2012、小内透訳「社会的相続と機会均等政策」苅谷剛彦・志水宏吉・小玉重夫編訳『グローバル化・社会変動と教育2—文化と不平等の教育社会学』東京大学出版会、pp.19-35, 2012年).

藤田英典、2006、『教育改革のゆくえ—格差社会か共生社会か』岩波ブックレット。

藤田由美子、2004、「幼児期における『ジェンダー形成』再考—相互作用場面にみる

権力関係の分析より」『教育社会学研究』第74集、pp.329-348。

古田和久、2012、「高校生の学校適応と社会文化的背景―学校の階層多様性に着目して」『教育社会学研究』第90集、pp.123-144。

Glass, Gene, V. et al.,1982, *School Class Size: Research and Policy*, Sage Publications.

Grubb Norton W. and Marvin Lazerson, 2009, *The Education Gospel: The Economic Power of Schooling*, Harvard University Press.

Hamano, Takashi, 2010, "The Impact of Early Childhood Education on Overcoming Disparities in Academic Performance", *Proceedings: Science of Human Development for Restructuring the "Gap Widening Society"*, 09, pp.9-16.

浜野隆、2014、「児童生徒の意識・行動及び学校での学習指導と学力―不利を克服している児童生徒に着目して―」国立大学法人お茶の水女子大学『平成25年度全国学力・学習状況調査（きめ細かい調査）の結果を活用した学力に影響を与える要因分析に関する調査研究』、pp.119-126.

浜野隆、2015、「『教育効果の高い学校』と『教育効果の低い学校』の比較分析」お茶の水女子大学『平成26年度　学力調査を活用した専門的な課題分析に関する調査研究（効果的な指導方法に資する調査研究）』pp.38-69。

浜野隆、2015、「解説：保育の『質』と『長期効果』」Weikart, David P., 2000, *Early Childhood Education: Need and Opportunity*, Unesco（浜野隆訳・解説『幼児教育への国際的視座』東信堂、pp.ix-xxv）.

Heckman, James. J., 2006, "Skill Formation and the Economics of Investing in Disadvantaged Children" *Science* Vol. 312, 1900-1902.

Heckman James, J., 2008, The Case for Investing in Disadvantaged Young Children, *Big Ideas for Children: Investing in Our Nation's Future,* SEPTEMBER 15, pp.49-58.

Heckman, James. J., 2013, *Giving Kids a Fair Chance*, The MIT Press（＝2015、古草秀子訳『幼児教育の経済学』東洋経済新報社）.

広田照幸・伊藤茂樹、2010、『教育問題はなぜまちがって語られるのか？―「わかったつもり」からの脱却』日本図書センター。

広田照幸、2015、『教育は何をなすべきか―能力・職業・市民』岩波書店。

北條雅一、2013、「数学学習の男女差に関する日米比較」『KIER Discussion Paper』1301。

本田由紀、2008、『「家庭教育」の隘路―子育てに強迫される母親たち』勁草書房。

星野崇宏、2009、『調査観察データの統計科学―因果推論・選択バイアス・データ融合』岩波書店。

星野崇宏・繁桝算男、2004、「傾向スコア解析法による因果効果の推定と調査データの調整について」『行動計量学』第31巻第1号、pp.43-61。

星野崇宏・岡田謙介、2006、「傾向スコアを用いた共変量調整による因果効果の推

定と臨床医学・疫学・薬学・公衆衛生分野での応用について」『保健医療科学』第
55巻第3号、pp.230-243。

市川昭午、2006、『教育の私事化と公教育の解体―義務教育と私学教育―』教育開
発研究所。

井上公人、2008、「パネル調査に対する協力拒否者の傾向―高校生を対象とした調
査データをもとに―」『社会学研究科年報』第15号、pp.81-94。

井上公人、2009、「パネル調査における初期脱落サンプルの傾向―高校生を対象と
したパネル調査データをもとに」『社会学研究科年報』第16号、pp.21-33。

伊佐夏実・知念渉、2014、「理系科目における学力と意欲のジェンダー差」『日本労
働研究雑誌』56(7)、pp.84-93。

石田浩、2012、「社会科学における因果推論の可能性」『理論と方法』Vol.27 No.1、
pp.1-18。

石田浩、2017、「格差の連鎖・蓄積と若者」石田浩編『格差の連鎖と若者1　教育と
キャリア』勁草書房、pp.35-62。

石黒格、2012、「分位点回帰分析を用いた知人数の分析―分布の差異を予測する」
『理論と方法』Vol. 26 No. 2、pp.389-404。

石黒格、2014、『Stataによる社会調査データの分析―入門から応用まで』北大路書房。

Jæger, Mads Meier, 2011, "Does Cultural Capital Really Affect Academic Achievement? New
Evidence from Combined Sibling and Panel Data", *Sociology of Education* 84(4), pp.281-298.

Jencks, Christopher S. et al, 1972, *Inequality: A Reassessment of the Effect of Family and Schooling in
America*, Basic Books (＝1978、橋爪貞雄・高木正太郎訳『不平等』黎明書房).

陰山英男、2007、『学力は家庭で伸びる』小学館文庫。

Karabel, Jerome B. and A. H. Halsey, (Eds.), 1977, *Power and Ideology in Education*, Oxford Univ.
Press (＝1980, 潮木守一・天野郁夫・藤田英典編訳『教育と社会変動　上・下』東京
大学出版会).

苅谷剛彦、1995、『大衆教育社会のゆくえ―学歴主義と平等神話の戦後史』中公新書。

苅谷剛彦、2000、「学習時間の研究―努力の不平等とメリトクラシー」『教育社会学
研究』第66号、pp.213-230.

苅谷剛彦、2001、『階層化日本と教育危機―不平等再生産から意欲格差社会』有信
堂高文社。

苅谷剛彦、2002、『教育改革の幻想』ちくま新書。

苅谷剛彦、2003、「教育における階層格差は拡大しているか―社会的セーフティ
ネットとしての公教育の政策課題」樋口美雄＋財務省財務総合政策研究所編著
『日本の所得格差と社会階層』日本評論社、pp.129-143。

苅谷剛彦、2008、「学業成績を規定する要因の変化―中学校3年生時点の成績自己
評価の分析」中村高康編『2005年SSM調査シリーズ6　階層社会の中の教育現象』

pp.35-46。

苅谷剛彦、2009a、「学力調査と格差問題の時代変化」東京大学学校教育高度化セン
ター編『基礎学力を問う―21世紀日本の教育への展望』東京大学出版会、pp.81-
130。

苅谷剛彦、2009b、『教育と平等―大衆教育社会はいかに生成したか』中公新書。

Kariya, Takehiko and Rosenbaum, James E., 1999, "Bright Flight: Unintended Consequences
of Detracking Policy in Japan" *American Journal of Education*, University of Chicago Press,
107 (3), pp. 210-230.

苅谷剛彦・志水宏吉編、2004、『学力の社会学―調査が示す学力の変化と学習の課
題』岩波書店。

苅谷剛彦・志水宏吉・清水睦美・諸田裕子、2002、『「学力低下」の実態』岩波ブッ
クレット。

金子真理子、2004、「学力の規定要因―家庭背景と個人の努力は、どう影響するか
―」苅谷剛彦・志水宏吉編『学力の社会学―調査が示す学力の変化と学習の課題
―』岩波書店、pp.153-172。

蟹江教子・坂本有芳、2006、「保護者調査からみた家庭生活」お茶の水女子大学『青
少年期から成人期への移行についての追跡的研究』第7集、pp. 39-48。

蟹江教子、2014、「調査方法の変更が回収率に与える影響―個人情報の保護および
倫理的配慮の結果」お茶の水女子大学『青少年期から成人期への移行についての
追跡的研究』第17集、pp.41-47。

川口俊明・前馬優策、2007、『学力格差を縮小する学校―『効果のある学校』の経年
分析に向けて』教育社会学研究』第80集、pp.187-205。

川口俊明、2009、「マルチレベルモデルを用いた『学校の効果』の分析―『効果的な
学校』に社会的不平等の救済はできるのか』『教育社会学研究』第84集、pp.165-184。

河野銀子・藤田由美子編、2014、『教育社会とジェンダー』学文社。

吉川徹、2006、『学歴と格差・不平等―成熟する日本型学歴社会―』東京大学出版会。

吉川徹、2009a、「経済の階層化と近代家族の変容―子育ての二極化をめぐって」『家
族社会学研究』Vol. 21 No. 1、pp.61-64。

吉川徹、2009b、『学歴分断社会』ちくま新書。

木村治生、2009、「学校通しによる質問紙調査の可能性と限界」『社会と調査』第2号、
pp.28-34。

木村涼子、1999＝2009、「教室におけるジェンダーの形成」木村涼子編『学校文化と
ジェンダー　第4章』勁草書房（＝木村涼子編『ジェンダーと教育』日本図書センター、
pp.184-196）。

北村行伸、2005、『パネルデータ分析』岩波書店。

清原滋子、1996、「専攻分野選択の背景と大学入学以前の教育環境」村松泰子編『女

性の理系能力を生かす―専攻分野のジェンダー分析と提言』日本評論社、pp.69-99。

国立教育政策研究所編、2012、『教育研究とエビデンス―国際的動向と日本の現状と課題』明石書店。

国立教育政策研究所、2013、『OECD生徒の学習到達度―2012年調査国際結果の要約―』。

小杉考司・清水裕士編、2014、『M-plusとRによる構造方程式モデリング入門』北大路書房。

Kreft, Ita and Jan de Leeuw, 1998, *Introducing Multilevel Modeling*, Sage Publications Ltd（＝2006、小野寺孝義翻訳『基礎から学ぶマルチレベルモデル―入り組んだ文脈から新たな理論を創出するための統計手法』ナカニシヤ出版）.

ランディー由紀子、2015、『12歳までの読み聞かせが子どもの「地頭」をつくる！』Wave出版。

Lareau, Annette, 2003, *Unequal Childhoods: Class, Race, and Family Life,* University of California Press, second edition.

Lauder, Hugh., et al. (Eds.), 2006, *Education, Globalization, & Social Change*, Oxford Univ. Press,（＝2012、広田照幸・吉田文・本田由紀編訳『グローバル化・社会変動と教育1―市場と労働の教育社会学―』東京大学出版会）.

Levin, Henry M. and Carolyn Kelly, 1997, "Can Education Do It Alone?" In A.H. Halsey, H. Lauder, P. Brown and A.S. Wells (Eds.) *Education: Culture, Economy, and Society,* Oxford Univ. Press（＝2005、「教育が単独でできること」住田正樹・秋永雄一・吉本圭一編訳『教育社会学―第三のソリューション―』九州大学出版会、pp.267-289）.

Luke, Douglas A., 2004, *Multilevel Modeling,* SAGE Inc.

Matsuoka Ryoji, Makiko Nalamuro, and Tomohiko, Inui, 2013, "Widening Educational Disparities Outside of School: A Longitudinal Study of Parental Involvement and Early Elementary Schoolchildren's Learning Time in Japan" *RIETI Discussion Paper Series* 13-E-101, pp.1-25.

松岡亮二・中室牧子・乾友彦、2014、「縦断データを用いた文化資本相続過程の実証的検討」『教育社会学研究』第95集、pp.89-110。

耳塚寛明、1980、「生徒文化の分化に関する研究」『教育社会学研究』第35集：pp.111-122。

耳塚寛明、2004、「調査研究の概要―JELS2003」お茶の水女子大学『青少年期から成人期への移行についての追跡的研究　JELS―2003年基礎年次調査報告（児童・生徒質問紙調査）』第1集、pp.1-9。

耳塚寛明、2007、「小学校学力格差に挑む―だれが学力を獲得するのか―」『教育社会学研究』第80集、pp.23-39。

耳塚寛明・金子真理子・諸田裕子・山田哲也、2002、「先鋭化する学力の二極分化

—学力の階層差をいかに小さくするか」『論座』(90)、朝日新聞社、pp.212-227。

耳塚寛明・中西啓喜、2014、「家庭の社会経済的背景による不利の克服(1) 社会経済的背景別にみた、学力に対する学習の効果に関する分析」国立大学法人お茶の水女子大学『平成25年度　全国学力・学習状況調査 (きめ細かい調査) の結果を活用した学力に影響を与える要因分析に関する調査研究』、pp.83-108.

耳塚寛明・中西啓喜、2015、「クラスサイズの効果に関する分析」国立大学法人お茶の水女子大学『学力調査を活用した専門的な課題分析に関する調査研究 (効果的な指導方法に資する調査研究)』pp.70-96。

宮島喬、1999、『文化と不平等—社会学的アプローチ—』有斐閣。

文部科学省，平成27年度『学校基本調査』。

Morgan, Stephen L., 2001, "Counterfactuals, Causal Effect Heterogeneity, and the Catholic School Effect on Learning" *Sociology of Education* Vol. 74, pp. 341-374.

Morgan, Stephen L. and Christopher Winship, 2014, *Counterfactuals and Causal Inference: Methods and Principles for Social Research*, Cambridge University Press Second Edition.

Mortimere, Peter, 1997, "Can Effective Schools Compensate for Society?" In A.H. Halsey, H. Lauder, P. Brown and A.S. Wells (Eds.) *Education: Culture, Economy, and Society*, Oxford Univ. Press (= 2005、「効果的な学校は社会の償いをすることができるのか?」住田正樹・秋永雄一・吉本圭一編訳『教育社会学—第三のソリューション—』九州大学出版会、pp.403-425)。

村上あかね、2011、「離婚による女性の社会経済的状況の変化」『社会学評論』62(3)、pp.319-335.

村松泰子編、1996、『女性の理系能力を生かす—専攻分野のジェンダー分析と提言』日本評論社。

鍋島祥郎、2003、『効果のある学校—学力不平等を乗り越える教育』部落解放人権研究所。

中川雅貴　2012、「パネルデータにおける脱落特性とサンプルの代表性の検証「結婚と家族に関する国際比較パネル調査」の経験」『新情報』100、49–58頁。

中室牧子、2015、『「学力」の経済学』ディスカヴァー・トゥエンティワン。

中西啓喜・耳塚寛明、2013、「学齢児童を対象とした縦断的研究の意義と課題—青少年期から成人期への移行についての追跡的研究 (Japan Education Longitudinal Study: JELS) から—」『中央調査報』No.666。

中西啓喜、2014、「JELSパネル調査におけるサンプル脱落の傾向—「小学3年－小学6年－中学3年」を対象として」お茶の水女子大学『JELS　第17集』、pp.49-57.

中西啓喜、2015、「パネルデータを用いた学力格差の変化についての研究」『教育学研究』第82巻第4号、pp.65-75.

中西啓喜、2017、「貧困と教育の問題への学際的アプローチの検討—就学前教育に

着目した学際的研究と教育活動の両立に向けて—』『人間科学研究』第30巻 (1)、pp.19-28。

中澤渉、2012、「なぜパネル・データを分析するのが必要なのか—パネル・データ分析の特性の紹介」『理論と方法』27(1)、pp.23-40.

中澤渉、2013a、「私的学校外教育のもたらす高校進学への効果—傾向スコア解析の応用」『東京大学社会科学研究所パネル調査プロジェクト　ディスカッションペーパーシリーズ』No.67。

中澤渉、2013b、「通塾が進路選択に及ぼす因果効果の異質性—傾向スコア・マッチングの応用」『教育社会学研究』第92集、pp.151-174。

中澤渉、2014a、「教育データを解釈する—教育社会学における計量分析」『生産と技術』66(1)、pp.75-77。

中澤渉、2014b、『なぜ日本の公教育費は少ないのか—教育の公的役割を問いなおす』勁草書房。

中澤渉、2015、「教育費について我々は何を考えるべきか」『中央公論』2015年6月号、中央公論社、pp.42-49。

中澤渉、2016、「教育政策とエビデンス」佐藤学・秋田喜代美・志水宏吉・小玉重夫・北村友人編『教育　変革への展望2　社会のなかの教育』pp.73-101。

中島ゆり、2012、「東北地方一市における学力の経年変化とその規定要因」お茶の水女子大学『JELS第15集　CエリアWave3と香港調査報告』、pp.7-15.

中島ゆり、2014、「学力ランクの推移と環境・価値観・行動との関連と地域差」お茶の水女子大学『JELS第17集　細分析論文集(5)』、pp.29-40.

直井道生、2016、「学力の所得階層内格差—経済要因は学力の個人差にどのような影響を与えるか？」赤林英夫・直井道生・敷島千鶴編『学力・心理・家庭環境の経済分析—全国小中学生の追跡調査から見えてきたもの』、pp.83-103。

お茶の水女子大学、2004～2015、『青少年期から成人期への移行についての追跡的研究』JELS第1集～18集。

お茶の水女子大学、2005、『JELS第5集　中学校・高等学校学力調査報告』。

お茶の水女子大学、2014、『平成25年度　全国学力・学習状況調査（きめ細かい調査）の結果を活用した学力に影響を与える要因分析に関する調査研究』。

お茶の水女子大学、2015、『学力調査を活用した専門的な課題分析に関する調査研究（効果的な指導方法に資する調査研究）』。

OECD, 2009, *Doing Better for Children*, Country Highlights JAPAN.

OECD, 2001, *Starting Strong: Early Childhood Education and Care*, OECD Publishing.

OECD, 2006, *Starting Strong II: Early Childhood Education and Care*, OECD Publishing（＝2011、星三和子・首藤美香子・大和洋子・一見真理子訳『OECD保育白書—人生の始まりこそ力強く—乳幼児期の教育とケア(ECEC)の国際比較』明石書店）.

OECD,2012, *Starting Strong III: A Quality Toolbox for Early Childhood Education and Care,* OECD Publishing.

OECD, 2014, Family Database *"Child Poverty".*

OECD, 2015a, *Starting Strong IV: Monitoring Quality in Early Childhood Education and Care,* OECD Publishing.

OECD, 2015b,『PISA in Focus: 教育における男女格差の背景』。

OECD, 2015c, *The ABC of Gender Equality in Education: Aptitude, Behaviour, Confidence.*

小川和孝、2014、「朝食摂取習慣の教育達成への因果効果の検証—傾向スコアマッチングと感度分析によるアプローチ」『東京大学社会科学研究所パネル調査プロジェクト　ディスカッションペーパーシリーズ』No.79。

小川和孝、2015、「就学前教育と社会階層——幼稚園・保育所の選択と教育達成との関連」『科学研究費補助金基盤研究（A）全国無作為抽出調査による『教育体験と社会階層の関連性』に関する実証的研究　研究成果報告書』、pp.125-136.

小川眞里子、2001、『フェミニズムと科学・技術』岩波書店。

岡部恒治・西村和雄・戸瀬信之、1999、『分数ができない大学生—21世紀の日本が危ない』東洋経済新報社。

大多和直樹、2011、「Aエリア・中学生の学習環境と生徒文化—所得階層による分化はどの程度進んでいるか」お茶の水女子大学『青少年期から成人期への移行についての追跡的研究　Aエリア Wave3 調査報告』第14集、pp.29-38。

竹内洋、1995、『日本のメリトクラシー—構造と心性—』東京大学出版会。

橘木俊詔、2008、『女女格差』東洋経済新報社。

田中隆一、2015、『計量経済学の第一歩—実証分析のススメ』有斐閣。

天童睦子、2007、「家族格差と子育て支援—育児戦略とジェンダーの視点から」『教育社会学研究』第80集、pp.61-83。

天童睦子、2016、「新自由主義下の再生産戦略とジェンダー—『子ども・子育て』という争点」天童睦子編『育児言説の社会学—家族・ジェンダー・再生産』世界思想社、pp.114-133。

寺崎里水、2015、「算数嫌いとジェンダー—Cエリア小学6年生を事例に」お茶の水女子大学『青少年期から成人期への移行についての追跡的研究　細分析論文集(6)』第18集、pp.13-21。

豊田秀樹・川端一光・中村健太郎・片平秀貴、2007、「傾向スコア重み付け法による調査データの調整—ニュートラルネットワークによる傾向スコアの推定」『行動計量学』第34巻第1号、pp.101-110。

Raudenbush Spephen and Bryk S. Anthony, 2002, *Hierarchical Linear Models: Applications and Data Analysis Methods,* SAGE Publications, Inc 2nd print.

Raudenbush Spephen, Anthony Brik, Yuk Fai Cheong, Richard Congdon, and Mathilda du

Toit, 2011, *HLM7: Hierarchical Linear and Nonlinear Modeling*, Scienctific Software International.

Rist, Ray. C., 1977, "On Understanding the Processes of Schooling: The Contributions of Labeling Theory." In J. Karabel, and A. H. Halsey, (Eds), *Power and Ideology in Education*, Oxford University Press (＝ 1980、「学校教育におけるレイベリング理論」潮木守一・天野郁夫・藤田英典編訳『教育と社会変動　上』東京大学出版会、pp.205-225).

Robinson, William S., 1950, "Ecological correlations and the behavior of individuals" *American Sociological Review*, Vol.15 pp.351-57.

Rosenbaum, Paul R. and Donald B. Rubin, 1984, "Reducing Bias in Observational Studies Using Subclassification on the Propensity Score," *Journal of the American Statistical Association*, Vol. 79, No. 387, pp. 516-24.

妹尾渉・北條雅一、2016、「学級規模の縮小は中学生の学力を向上させるのか―全国学力・学習状況調査（きめ細かい調査）の結果を活用した実証分析―」『国立教育政策研究所紀要』第145集、pp. 119-128。

坂本和靖　2003、「誰が脱落するのか―『消費生活に関するパネル調査』における脱落サンプルの分析」財団法人家計経済研究所編『家計・仕事・暮らしと女性の現在 消費生活に関するパネル調査平成15年版（10年度）』国立出版局、pp.123-136.

佐藤学、2009、「学力問題の構図と基礎学力の概念」東京大学学校教育高度化センター編『基礎学力を問う―21世紀日本の教育への展望』東京大学出版会、pp.1-32。

Seltzer, Michael, Kilchan Choi and Yeow M. Thum, 2003, "Examining Relationships between Where Students Start and How Rapidly They Progress: Using New Developments in Growth Modeling to Gain Insight into the Distribution of Achievement within Schools", *Educational Evaluation and Policy Analysis*, Vol. 25, No. 3, pp. 263-286.

清水裕士、2014、『個人と集団のマルチレベル分析』ナカニシヤ出版。

志水宏吉編、2009、『「力のある学校」の探究』大阪大学出版会。

Singer D. Judith and John B. Willett, 2003, *Applied Longitudinal Data Analysis: Modeling Change and Event Occurrence*, Oxford University Press (＝ 2012、菅原ますみ監訳『縦断データの分析Ⅰ：変化についてのマルチレベルモデリング』、『縦断データの分析Ⅱ：イベント生起のモデリング』朝倉書店).

Sirin, Selcuk, R., 2005, "Socioeconomic Status and Academic Achievement: A Meta-Analytic" Review of Research", *Review of Educational Research* Vol. 75, No. 3, pp. 417-453.

惣脇宏、2012、「ランダム化比較試験とメタアナリシスの発展」国立教育政策研究所編『教育研究とエビデンス―国際的動向と日本の現状と課題』明石書店、pp.51-77。

須藤康介、2007、「授業方法が学力と学力の階層差に与える影響―新学力観と旧学力観の二項対立を超えて」『教育社会学研究』第81集、pp.25-44。

須藤康介、2010、「学習方略がPISA型学力に与える影響」『教育社会学研究』第86集、pp.139-158。

須藤康介、2013、『学校の教育効果と階層』東洋館出版社。

Sue Askew and Carol Ross, 1998, *Boys Don't Cry: Boys and Sexism in Education*, Open Univ Pr, (＝1997、堀内かおる訳『男の子は泣かない—学校でつくられる男らしさとジェンダー差別解消プログラム』金子書房).

垂見裕子、2014、「家庭環境と子どもの学力(2) 保護者の関与・家庭の社会経済的背景・子どもの学力」国立大学法人お茶の水女子大学『平成25年度　全国学力・学習状況調査(きめ細かい調査)の結果を活用した学力に影響を与える要因分析に関する調査研究』、pp.59-73。

Sylva, Kathy, Edward Melhuish, Pam Sammons, Iram Siraj-Blatchford and Brenda Taggart, 2010, *Early Childhood Matters: Evidence from the Effective Pre-school and Primary Education Project*, Routledge.

田辺俊介　2012、「「東大社研・若年壮年パネル調査」の標本脱落に関する分析：脱落前年の情報を用いた要因分析」『東京大学社会科学研究所　パネル調査プロジェクト　ディスカッションペーパーシリーズ』No.56、pp.1-11。

筒井淳也・水落正明・秋吉美都・坂本和靖・平井裕久・福田亘孝、2007、『Stataで計量経済学入門　第2版』ミネルヴァ書房。

豊田秀樹、2007、『共分散構造分析 Amos編—構造方程式モデリング』東京図書。

内田伸子、2010、「学術からの発信 日本の子どもの育ちに影を落とす日本社会の経済格差—学力基盤力の経済格差は幼児期から始まっているか?」『学術の動向』15(4)、pp.104-111。

内田伸子・浜野隆編、2012、『世界の子育て格差—子どもの貧困は超えられるか』金子書房。

内海緒香、2010、「養育における統制実践認知—女子大学生の回顧報告を用いた探索的検討」『人間文化創成科学論叢』第13巻、pp.199-207。

山田哲也、2014、「社会経済的背景と子どもの学力(1)家庭の社会経済的背景による学力格差：教科別・問題別・学校段階別の分析」国立大学法人お茶の水女子大学『平成25年度　全国学力・学習状況調査(きめ細かい調査)の結果を活用した学力に影響を与える要因分析に関する調査研究』、pp.74-87。

山田哲也、2015、「学力格差是正策の現状と課題」志水宏吉・山田哲也『学力格差是正策の国際比較』岩波書店、pp.213-231。

山野良一、2014、『子どもに貧困を押しつける国・日本』光文社新書。

Yamamoto Yoko and Mary C. Brinton, 2010, "Cultural Capital in East Asian Educational Systems: The Case of Japan", *Sociology of Education* Vol. 83 No. 1, pp.67-83.

山崎博敏、2013、「小学校4年から中学校2年までの児童生徒の学力の変化—3時点

の学力調査データを連結したパネル分析の試み」『中央調査報』(No.674) (http://www.crs.or.jp/backno/No674/6741.htm, 2014年11月10日取得).

山崎博敏・廣瀬等・西本裕輝編、2014a、『沖縄の学力追跡分析—学力向上の要因と指導法』協同出版。

山崎博敏編、2014b、『学級規模と指導方法の社会学—実態と教育効果』東信堂。

Young, Michael,1958, *The Rise of Meritocracy*, Transaction Pub (=1982、窪田鎮夫・山元卯一郎訳『メリトクラシー』至誠堂).

王杰 (傑)・耳塚寛明、2011、「調査の概要」お茶の水女子大学『青少年期から成人期への移行についての追跡的研究 JELS—A エリア Wave3 調査報告』第14集、pp.1-4。

王杰 (傑)・耳塚寛明、2012、「調査の概要」お茶の水女子大学『青少年期から成人期への移行についての追跡的研究 JELS—C エリア Wave3 調査報告および香港調査報告』第15集、pp.1-4。

Weikart, David P., 2000, *Early Childhood Education: Need and Opportunity,* Unesco (= 2015、浜野隆訳・解説『幼児教育への国際的視座』東信堂).

Whitty, Geoff, 1985, *Sociology and School Knowledge: Curriculum theory, research and politics,* Routledge (= 2009、久冨善之・松田洋介・長谷川裕・山田哲也・梅景優子・本田伊克・福島裕敏訳『学校知識—カリキュラムの教育社会学』明石書店).

あとがき

　本書は、筆者にとって初めての単著である。いつか自身の研究成果をまとめて単著として著書を出版したいと思っていたが、これが叶い望外の喜びである。

　本文中にも記した通り、本書で使用したデータは、「青少年期から成人期への移行についての追跡的研究」(Japan Education Longitudinal Study：JELS) によって得られたものである。私がJELS調査に参加させていただくようになったのはWave2の途中からであったが、この調査への参加とデータ利用の機会を与えてくださったお茶の水女子大学・耳塚寛明先生、牧野カツコ先生、その他のJELS調査の実施に携わったすべての研究メンバーにまず感謝を申し上げたい。貴重なデータをどこまで活かしきれたのかわからないが、日本の教育研究の発展にわずかでも貢献できていれば幸いである。

　そして次に感謝をお伝えしたいのは、同じ職場で働く早稲田大学・人間科学学術院の中村健太郎先生である。中村先生には、本書のデータ分析のほとんどすべてに目を通していただき、データの解釈などにも多大なアドバイスをいただいた。本書の分析と解釈の責任は当然すべて著者にあるが、彼の助言がなければ本書をまとめることなど到底できなかった。この場を借りて感謝をお伝えしたい。

　ここで本書を書き上げるに至った経緯を少し振り返ってみたい。「学力のパネルデータを分析しよう」と思い立ったのは2012年に2つのきっかけがあったからである。ひとつめは、大阪商業大学JGSS研究センターが開催した「統計分析セミナー2012：パネルデータ分析」に参加したことである。セミナーでは、山口一男先生 (シカゴ大学) がJames Heckmanの研究成果を例に、アメリカの学力格差の推移についてお話くださった。これに触発されてHeckman研究の〈日本版〉を描き出したいと考えたのである。ふたつめは、同じ時期にお茶の水女子大学JELSで開催したパネルデータ分析の勉強会に当時東洋大学に所属していらした中澤渉先生 (現在、大阪大学) をお呼びした時である。計量経済学における固定効果／ランダム効果モデル、成長曲線モデ

ルという用語と考え方を知ったのはこの時である。

　当時、私は固定効果／ランダム効果モデルや成長曲線モデルの考え方を、お恥ずかしながらほとんど理解できなかった。私の学力パネルデータ分析報告の初陣となったのは、2012年の第64回日本教育社会学会大会（於、同志社大学）だったが、フロアの反応は決して芳しいものではなかった。この時の学会では〈学力格差の蓄積〉を、不用意にもキーワードとして分析の報告を行った。そして、この時フロアにいらした中村高康先生（東京大学）から、「〈格差の蓄積〉というのは、どのように操作的に定義しているのですか？」という趣旨の質問をいただいた。その場ではうまく返答できず、その後もその答えはなかなか見つからなかったのだが、本書冒頭の「はじめに」に記した通り、石田浩先生の著作（『教育とキャリア―格差の連鎖と若者』東京大学出版会、2017年）を引用することでどうにか定義することを試みたのが本書である。

　その後、学習を深めた（つもり）後、固定効果／ランダム効果モデルを用いた分析報告は、2013年の第65回日本教育社会学会大会（於、埼玉大学）で初めて行った。この時の部会の司会は、奇しくも中澤先生にご担当いただいた。中澤先生には、部会終了後に「成長曲線モデルの方が良いと思いますよ」とご助言いただき、それから成長曲線モデルの勉強に勤しむこととなった。この段に至り、ようやく本書のスタートラインに立つことになる。その後は、本書でも引用した中澤先生の論文「なぜパネル・データを分析するのが必要なのか―パネル・データ分析の特性の紹介」を擦り切れるほど読み返した（にも関わらず、私の理解が足りていないと思われた方もいらっしゃるのだろうが…）。

　それからの作業は苦戦の連続であった。シンプルなところでは統計ソフトの操作方法がわからないことに始まり、分析結果の数値の解釈もうまくできなかった。得られた分析の結果を先行研究にどのように位置づけるべきかもわからず…など。こうした課題については、浜野隆先生（お茶の水女子大学）、西原是良先生（早稲田大学）、藤原翔先生（東京大学）、脇田彩先生（立教大学）などのご親切心に甘えることで何とかクリアを試みてきた。こうして助言をいただいた先生方にもここで感謝申し上げたい。

　ところで、本書の位置づけであるが、現代日本の〈格差社会〉について、

あとがき　　157

主に学力を議論の中心とすることで教育格差の現状把握と問題提起を目的と
したものとして読まれたい。さまざまな社会的な〈格差〉は、2000年頃から
「ブーム」のように扱われ始め、学歴や所得に留まらず家族形成や健康の格
差まで最近では問題視されている。こうした格差ないし社会的不平等をいか
に是正していくべきかという議論は、公的な介入がどのようにデザインされ
るべきかという議論と重なる部分は多い。教育社会学は、もちろん極めて狭
義にではあるが、子どもの出身社会階層による学力・学歴獲得の不平等を緩
和するために、学校教育が果たしうる役割を考える学問である。本書の大部
分では社会階層と学力の関連分析を展開しているにも関わらず、分析の最後
(第8章)にクラスサイズに焦点を当てた分析を行ったのは、学校教育が学力
格差を縮小する可能性についてできる限り検討しておきたかったからである。

　本書を読まれた方は、筆者をどちらかといえば「学校無力論者」であると
認識された方もいらっしゃるかもしれない。しかし、筆者自身は、社会階
層・学校教育・アチーブメントの3者の関係において、学校教育のあり方の
議論を深めるべきだ、というスタンスである。難しいのは、(1)学校教育を
「公的な介入」として見なし、効果的な学校教育のあり方の検討が必要な一
方で、(2)実証的な研究をレヴューする限り、学校教育は不平等の是正にそ
れほど決定的な役割を演じることはない、ということである。(3)それにも
関わらず、学校教育に過剰な期待をすることは、現場教師などの教育関係者
を追い詰めることになってしまいかねない。これらの点に配慮しながらも、
今後は学校教育システムに着目した研究を深めていくつもりである。筆者自
身としては、本書を今後の研究のための礎として位置づけたい。

　最後になるが、現在の研究環境を与えていただいた早稲田大学・人間科学
学術院およびお茶の水女子大学・人間発達教育科学研究所にも感謝を申し上
げたい。本書執筆のプロセスにおいて、研究費の援助や研究成果報告会等で
は示唆に富んだコメントをいただくことができた。こうした機関での支援が
なければ、本書の完成は難しかっただろう。その他には、JELS調査にご協
力いただいた調査エリアの教職員等の関係者、児童生徒とその保護者にも感
謝しなければならない。執筆が煮詰まった時に友人として相談に乗ってくれ

るとともに、海外の教育との比較から本書の学術的位置づけを助言くださった花井渉先生(福井大学)、図表の作成、文献資料収集、本文校正など多くの作業にご協力いただいた柚木彩香氏、そしてこの成果を単著として発表したいという意図に賛同くださりご尽力くださった東信堂・下田勝司氏に心からの感謝を申し上げたい。当然、ここまで大学で勉強することを見守り・援助を続けてくれた両親にも感謝を伝えねばならないだろう。

　ここに名前を挙げた以外にも、本当に多くの方々にご協力いただくことで本書は完成した。

2017年9月　雨に煙る所沢キャンパスにて
中西啓喜

〈初出一覧〉

序　章：日本の学力研究における問題の所在
　　書き下ろし

第 1 章：学力研究の動向
　　書き下ろし

第 2 章：データの概要
　　中西啓喜、2014、「JELS パネル調査におけるサンプル脱落の傾向 —「小学
　　　3 年－小学 6 年－中学 3 年」を対象として」、『JELS 第 17 集　細分析論
　　　文集 (5)』pp.49-57。

第 3 章：学力の不平等はいつ発生し、どのように変化するのか
　　中西啓喜、2015、「パネルデータを用いた学力格差の変化についての研究」
　　　『教育学研究』第 82 巻第 4 号、pp.65-75。

第 4 章　教育達成の性差のメカニズムを探る
　　中西啓喜、2016、「理数系教科選好度の推移のジェンダー差に関する研究
　　　—学齢児童生徒を対象としたパネルデータを用いた分析—」『ジェンダー
　　　研究』第 19 号、pp.157-174。

第 5 章：学力の不平等は、努力によって克服可能なのか？
　　中西啓喜、2015、「パネルデータを用いた学力格差の変化についての研究」
　　　『教育学研究』第 82 巻第 4 号、pp.65-75。

第 6 章：本の読み聞かせ経験は学力を「高める」のか？ I
　　書き下ろし

第 7 章：本の読み聞かせ経験は学力を「高める」のか？ II －傾向スコアを用
　　いた分析
　　書き下ろし

第 8 章：学校教育は学力を是正するのか？－クラスサイズに着目した分析
　　書き下ろし

終　章：教育における不平等をどのように是正していくか
　　書き下ろし

索引

A
accomplishment of natural growth　　22, 31

B
Bourdieu　　29, 84, 89, 112

C
Coleman　　8, 24, 25, 139
concerted cultivation　　22, 31

E
Esping-Andersen　　30
Esping-Andersen　　8, 135

G
Glass et al.　　115, 116, 130, 138

H
Heckman　　8, 27, 30, 50, 63, 88, 93, 96, 113, 136, 138, 142, 155

J
Jencks et al.　　25, 139

L
Lareau　　22, 23, 32, 89

P
parental involvement　　14, 22
PI 効果　　22, 24, 29, 30, 88, 134

S
STAR プロジェクト　115, 116, 118, 131, 134
Starting Strong　　8

Y
Young　　19, 78

か
格差の連鎖・蓄積　　i, ii, iii, 135, 137
学級規模　　10, 120
クラスサイズ　　10, 100, 115-120, 122-123, 126, 128, 130- 132, 134, 140
傾向スコア　98-100, 102-104, 106-113, 134
効果のある学校　　24-26, 31, 139
コールマン・レポート　　24

さ
ジェンダー　　14, 16, 18, 28, 66, 133
就学前　7, 8, 30, 113, 135, 136, 138-141
神話　　10, 20-22, 86, 133
生態学的誤謬　　119
成長曲線モデル　57-59, 61, 62, 68, 70, 74, 90, 93-95, 128, 130, 131, 134
全国学力・学習状況調査　6, 16, 20, 23, 25, 26, 89, 117, 140
相対的な自律性　　3, 4
属性原理から業績原理へ　　78

た
脱落　　9, 40-44, 46, 47, 48, 119
地位欲求不満論　　65, 74

は
ハビトゥス　　89
反実仮想　　10, 100-102, 112
費用対効果　　136, 139
福音　　3, 4
文化葛藤論　　65, 74
文化資本　　89,113
文脈効果　　120
ペアレントクラシー　　15
平均処置効果　　101, 110, 112
ヘッド・スタート　　8

ま
マルチレベル　　26, 57, 117-119, 122, 126, 130
無作為化比較試験　　100
メリトクラシー　　10, 14, 15, 19, 20, 29, 78, 82, 86, 133

や
読み聞かせ　10, 22-24, 29, 30, 88-104, 107, 109-113, 134, 135

著者紹介

中西　啓喜（なかにし　ひろき）

青山学院大学大学院教育人間科学研究科博士後期課程　教育学専攻。現在、早稲田大学人間科学学術院　助教。

【主な著作物】

中西啓喜 (2014)「高校生の希望進路の変容」、樋田大二郎ほか編著『現代高校生の学習と進路—高校の「常識」はどう変わってきたか？』、学事出版。

中西啓喜 (2017)「学力の獲得は平等なのか？」、片山悠樹・内田良・古田和久・牧野智和編『半径 5 メートルからの教育社会学』大月書店。

学力格差拡大の社会学的研究——小中学生への追跡的学力調査結果が示すもの

2017 年 11 月 30 日　　初 版　　第 1 刷発行	〔検印省略〕
2018 年 1 月 30 日　　初 版　　第 2 刷発行	定価はカバーに表示してあります。

著者Ⓒ中西啓喜／発行者 下田勝司　　　　　　　　　　印刷・製本／中央精版印刷

東京都文京区向丘 1-20-6　　郵便振替 00110-6-37828　　　　発 行 所
〒 113-0023　TEL (03) 3818-5521　FAX (03) 3818-5514　　株式会社 東信堂

Published by TOSHINDO PUBLISHING CO., LTD.

1-20-6, Mukougaoka, Bunkyo-ku, Tokyo, 113-0023, Japan

E-mail : tk203444@fsinet.or.jp　http://www.toshindo-pub.com

ISBN978-4-7989-1438-1 C3037　　　ⒸHiroki NAKANISHI

東信堂

放送大学中国・四国ブロック学習センター編

放送大学に学んで —未来を拓く学びの軌跡 ……………………………………… 二〇〇〇円

ソーシャルキャピタルと生涯学習 ……………… J・フィールド／矢野裕俊監訳 … 二五〇〇円

NPOの公共性と生涯学習のガバナンス …………………………… 高橋満 … 二八〇〇円

コミュニティワークの教育的実践 ………………………………… 高橋満 … 二〇〇〇円

学級規模と指導方法の社会学 ⊠実態と教育効果 ………………… 山崎博敏 … 三二〇〇円

高等専修学校における適応と進路 —後期中等教育のセーフティネット … 伊藤秀樹 … 四六〇〇円

「夢追い」型進路形成の功罪 —高校改革の社会学 ……………… 荒川葉 … 二八〇〇円

進路形成に対する「在り方生き方指導」の功罪 —高校進路指導の社会学 … 望月由起 … 三六〇〇円

教育から職業へのトランジション —若者の就労と進路職業選択の社会学 … 山内乾史編著 … 二六〇〇円

学力格差拡大の社会学的研究 —小中学生への追跡的学力調査結果が示すもの … 中西啓喜 … 二四〇〇円

教育と不平等の社会理論 —再生産論をこえて …………………… 小内透 … 三二〇〇円

マナーと作法の社会学 …………………………………… 加野芳正編著 … 二四〇〇円

マナーと作法の人間学 …………………………………… 矢野智司編著 … 二〇〇〇円

拡大する社会格差に挑む教育 …… 西村和雄・大森不二雄・倉元直樹・木村拓也編 … 二四〇〇円

混迷する評価の時代 —教育評価を根底から問う … 西村和雄・大森不二雄・倉元直樹・木村拓也編 … 二四〇〇円

教育における評価とモラル ……………………………… 戸瀬信之編 … 二四〇〇円

《シリーズ 日本の教育を問いなおす》

第1巻 教育社会史 —日本とイタリアと …………………… 小林甫 … 七八〇〇円

第2巻 現代的教養Ⅰ —生活者生涯学習の地域・的展開 …… 小林甫 … 六八〇〇円

第3巻 現代的教養Ⅱ —技術者生涯学習の生成と展望 ……… 小林甫 … 六八〇〇円

第3巻 学習力変革 —地域自治と社会構築 ………………… 小林甫 … 近刊

第4巻 社会共生力 —東アジアと成人学習 ………………… 小林甫 … 近刊

《大転換期と教育社会構造：地域社会変革の学習社会論的考察》

〒113-0023　東京都文京区向丘1-20-6　　TEL 03-3818-5521　FAX03-3818-5514　振替 00110-6-37828
Email tk203444@fsinet.or.jp　URL-http://www.toshindo-pub.com/

※定価：表示価格（本体）＋税

東信堂

附属新潟中式「3つの重点」を生かした確かな学びを促す授業
—教科独自の眼鏡を育むことが、主体的・対話的で深い学びの鍵となる！
　新潟大学教育学部附属新潟中学校 編著　二〇〇〇円

ICEモデルで拓く主体的な学び
—成長を促すフレームワークの実践
　柞磨昭孝 編著　二〇〇〇円

社会に通用する持続可能なアクティブラーニング
—ICEモデルが大学と社会をつなぐ
　土持ゲーリー法一　二五〇〇円

ポートフォリオが日本の大学を変える
—ティーチング/ラーニング/アカデミック・ポートフォリオの活用
　土持ゲーリー法一　二五〇〇円

ティーチング・ポートフォリオ 授業改善の秘訣
　土持ゲーリー法一　二〇〇〇円

ラーニング・ポートフォリオ—学習改善の秘訣
　土持ゲーリー法一　二五〇〇円

「主体的学び」につなげる評価と学習方法
—カナダで実践されるICEモデル
　S・ヤング&R・ウィルソン著　土持ゲーリー法一監訳　一〇〇〇円

溝上慎一 監修　アクティブラーニング・シリーズ（全7巻）

主体的学び　別冊　高大接続改革　主体的学び研究所編　一八〇〇円
主体的学び　4号　主体的学び研究所編　二〇〇〇円
主体的学び　3号　主体的学び研究所編　一六〇〇円
主体的学び　2号　主体的学び研究所編　一六〇〇円
主体的学び　創刊号　主体的学び研究所編　一八〇〇円

①アクティブラーニングの技法・授業デザイン　安永悟 編　一六〇〇円
②アクティブラーニングとしてのPBLと探究的な学習　溝上慎一・成田秀夫 編　一八〇〇円
③アクティブラーニングの評価　松下佳代・石井英真 編　一六〇〇円
④高等学校におけるアクティブラーニング：理論編（改訂版）　溝上慎一 編　一六〇〇円
⑤高等学校におけるアクティブラーニング：事例編　溝上慎一 編　二〇〇〇円
⑥アクティブラーニングをどう始めるか　成田秀夫　一六〇〇円
⑦失敗事例から学ぶ大学でのアクティブラーニング　亀倉正彦　一六〇〇円

アクティブラーニングと教授学習パラダイムの転換
　溝上慎一　二四〇〇円

大学のアクティブラーニング
　河合塾編著　三二〇〇円

「学び」の質を保証するアクティブラーニング
—3年間の全国大学調査から
　河合塾編著　二〇〇〇円

「深い学び」につながるアクティブラーニング
—全国大学の学科調査報告とカリキュラム設計の課題
　河合塾編著　二八〇〇円

アクティブラーニングでなぜ学生が成長するのか
—経済系・工学系の全国大学調査からみえてきたこと
　河合塾編著　二八〇〇円

〒113-0023　東京都文京区向丘1-20-6　TEL 03-3818-5521　FAX 03-3818-5514　振替 00110-6-37828
Email tk203444@fsinet.or.jp　URL:http://www.toshindo-pub.com/

※定価：表示価格（本体）＋税

東信堂

書名	著者	定価
アセアン共同体の市民性教育	平田利文編著	三七〇〇円
市民性教育の研究——日本とタイの比較	平田利文編著	四二〇〇円
社会を創る市民の教育——協働によるシティズンシップ教育の実践	大友秀明・桐谷正信編著	二五〇〇円
現代ドイツ政治・社会学習論——「事実教授」の展開過程の分析	大友秀明	五二〇〇円
アメリカにおける多文化的歴史カリキュラム	桐谷正信	三六〇〇円
アメリカ公民教育におけるサービス・ラーニング	唐木清志	四六〇〇円
社会形成力育成カリキュラムの研究	西村公孝	六五〇〇円
比較教育学事典	日本比較教育学会編	一二〇〇〇円
比較教育学の地平を拓く	森下稔編著	四六〇〇円
比較教育学——越境のレッスン	馬越徹	三六〇〇円
比較教育学——伝統・挑戦・新しいパラダイムを求めて	M・ブレイ編著／馬越徹・大塚豊監訳	三八〇〇円
国際教育開発の研究射程——「持続可能な社会」のための比較教育学の最前線	北村友人	二八〇〇円
国際教育開発の再検討——途上国の基礎教育普及に向けて	小川啓一・西村幹子・北村友人編著	二四〇〇円
発展途上国の保育と国際協力	浜野隆	三八〇〇円
中国教育の文化的基盤	顧明遠著／大塚豊監訳	二九〇〇円
中国大学入試研究——変貌する国家の人材選抜	大塚豊	三六〇〇円
東アジアの大学・大学院入学者選抜制度の比較——中国・台湾・韓国・日本	南部広孝	三三〇〇円
中国高等教育独学試験制度の展開	南部広孝	三二〇〇円
中国の職業教育拡大政策——背景・実現過程・帰結	劉文君	五〇四八円
中国における大学奨学金制度と評価	王帥	五〇〇〇円
現代中国高等教育の拡大と教育機会の変容	王傑	三九〇〇円
現代中国初中等教育の多様化と教育改革	楠山研	三六〇〇円
文革後中国基礎教育における「主体性」の育成	李霞	二八〇〇円
韓国大学改革のダイナミズム——ワールドクラス《WCU》への挑戦	馬越徹	二七〇〇円

〒113-0023　東京都文京区向丘1-20-6　TEL 03-3818-5521　FAX03-3818-5514　振替 00110-6-37828
Email tk203444@fsinet.or.jp　URL:http://www.toshindo-pub.com/

※定価：表示価格（本体）＋税